国家出版基金项目

科技托起国防梦丛书

极目远眺浪推沙
——船舶设计专家许学彦的故事

张毅 著

科学普及出版社
·北京·

图书在版编目（CIP）数据

极目远眺浪推沙——船舶设计专家许学彦的故事 / 张毅著 . — 北京：科学普及出版社，2017.1

（科技托起国防梦丛书）

ISBN 978-7-110-09482-2

Ⅰ. ①极… Ⅱ. ①张… Ⅲ. ①许学彦（1924—2016）—生平事迹—通俗读物 Ⅳ. ① K826.16-49

中国版本图书馆 CIP 数据核字 (2017) 第 006261 号

策划编辑	许 慧 韩 颖
责任编辑	李 红 何红哲
装帧设计	中文天地
责任校对	刘洪岩
责任印制	张建农

出版发行	科学普及出版社
地　　址	北京市海淀区中关村南大街16号
邮　　编	100081
发行电话	010-62173865
传　　真	010-62179148
网　　址	http://www.cspbooks.com.cn

开　　本	787mm×1092mm　1/16
字　　数	128千字
印　　张	7.75
版　　次	2017年5月第1版
印　　次	2017年5月第1次印刷
印　　刷	鸿博昊天科技有限公司
书　　号	ISBN 978-7-110-09482-2 / K·145
定　　价	39.00元

（凡购买本社图书，如有缺页、倒页、脱页者，本社发行部负责调换）

科技托起国防梦丛书
科学顾问

林仁华　　郑　晖　　石顺科　　张秀智
俞启宜　　黄东冬　　石　磊　　田小川

编委会

朱明远　　石　磊　　田小川　　张杰伟
张　毅　　许　慧　　李　红　　韩　颖

导言

船舶是航行或停泊于水域进行运输或作业的工具。

纵观人类发展历史，无论哪一门学科，无一例外都经历了适应自然、利用自然、进而以自身力量改造自然的过程，船舶和水上构造物也是如此。

人类的水上工具，虽然不是由世界某一地区或者某一民族独立发明、使用，然后由此及彼传播到其他地区或民族，但起先都是对江、湖、海水面上漂浮游移着的无数残木、败叶司空见惯不以为意，而当人类需要捞取水上动植物为食，就都能够各自创造出借以在水面上活动的工具。

中国古代是造船和航海的先驱，造船业在中国有着悠久的历史，我们的祖先以自己的智慧和辛勤劳动创造了中国木帆船的伟绩，为世界古代造船史谱写了光辉的篇章。纪元以来2000多年中，有1500年左右领先世界。公元前2500年，就出现舟楫，商代出现帆船，春秋战国时期就有造船工场，能够制造战船，汉代已能造带舵的楼船，唐、宋时期，河船都有突出的发展，发明水密隔壁，明朝郑和7次下西洋的宝船，尺度和性能及远航能力世界领先。明代中叶以后，中国封建社会日趋衰落。18世纪中期工业革命开始后，出现了机动船，中国的木帆船业就更失去了原有的光彩。1840年鸦片战争以后，使原来基础薄弱的造船业更加削弱。清朝由于朝政昏庸，外国资本挤压，使我国近代造船工业发展极为缓慢。国民党政府统治期间，船舶工业未有好转，且越显落后。

新中国的诞生，使我国的船舶工业得到了新生。20世纪50年代，军船完成了引进苏联技术转让制造海军舰艇的任务；民船从设计制造江河船舶发展到设计与成批生产沿海中小船舶。六七十年代，造船工业在曲折中前进，立足国内，建造了中国第一代军用舰艇和远洋船舶；80年代以来，民用船

舶已进入国际市场,军用舰艇已进入改进、创新阶段,由提高创新到攀登高峰,走向世界的发展历程。目前已形成了一个具有相当规模和实力,从研究、设计、试制,到建造的船舶工业体系。远洋测量、调查、打捞救生船的研制成功,配合洲际导弹运载火箭发射、同步通信卫星发射、潜地导弹水下发射、南极考察等任务胜利完成。民用大型集装箱船、滚装船、油船、化学品船和各种功能的海洋工程已接近、达到或领先国际水平,成为世界第一造船大国。

随着人类社会的不断进步,人们认识到,没有海洋就没有人类,海洋是个聚宝盆,蕴藏着丰富的矿藏,地球上生物资源80%在海洋,海洋生物资源是陆地的1000倍,提供的水产资源能养活300亿人口,海洋成为国际竞争的新高地,成为全球经济增长的最大空间。

我国位于太平洋西岸,东临黄海和东海,东南有壮丽富饶的南海,渤海是我国内海,共有海岸线32000千米,岛屿6500多个,海洋构成了我们中华民族的半壁江山。我国是一个陆海兼具的国家,不但有960万平方公里的大陆国土,还有300万平方千米的海洋"蓝色"国土,按照《联合国海洋法公约》的规定,还享有200海里专属经济区和大陆架主权和管辖权。这片广袤的海域蕴藏着极其丰富的资源,是我国可持续发展的非常重要的物质基础。我们华夏民族的繁衍生息和发展壮大,国家的繁荣昌盛和强大统一,社会的稳定与进步,以及人民生产的发展和生活的改善和提高都与海洋息息相关。

许学彦是我国自己培养起来的舰船科研设计专家,是新中国造船工业和舰船研究设计从小到大,从弱到强的参与者和见证人。为新中国造船和国防科研事业的发展是他奋力拼搏的动力,艰巨而繁重的研究设计任务给予了他充分施展才华的平台,他深知作为一名舰船研究设计的科技工作者肩负着研究设计世界一流的舰船,科学开发利用海洋,依法维护我国的海洋权益的重任。他和广大科技工作者发扬爱国奉献、顽强拼搏、团结合作、开拓创新精神,为发展我国舰船事业做出了重要贡献。

许学彦1924年5月出生于江苏省常州市武进县郑陆桥镇北夏墅村,1948年上海交通大学毕业。1951年经我国知名造船学者、新中国船舶设计和科学研究机构的创始人之一辛一心教授介绍,到中央重工业部船舶工业局技术处设计组工作。

许学彦历任技术员、工程师、副科长、室副主任工程师、室副主任、中国船舶工业第七〇八研究所副总工程师、副所长、总工程师、科技委主任、技术顾问。兼任中国造船工程学会理事、船舶设计委员会主任、上海市造船工程学会学术委员会船舶设计专业组组长、中国舰船研究院技术委员会委员、高级工程师考评委员会委员、中共上海市第七届党代表大会代表、上海市第七届、第八届人大代表。

几十年来，许学彦主持参与设计的舰船共有50余型号。亲手绘制和审定了成千上万份图纸，作为国内知名舰船设计专家，他同他的同仁们创造了许多中国舰船设计史上的第一：中国第一艘长江大型豪华客轮"昆仑"号、第一艘中国自行设计建造的万吨轮"东风"号、第一艘大型潜艇救生船、中国海军六七十年代的主力舰艇之一——0111高速护卫艇、第一艘远洋测量船"远望"号、第一艘远洋打捞船J121……先后荣获国家科技进步特等奖和一等奖，为发展我国舰船事业做了重大贡献。他曾荣获何梁何利基金奖，上海市先进工作者、上海市劳动模范、全国科技大会科技先进工作者等荣誉称号。

许学彦是新中国第一代舰船设计专家，他的奋斗历程是新中国舰船科学技术发展的历史缩影，他所取得的每一项成果的历程都是他胸怀振兴祖国造船事业、尊重科学、求新务实、精益求精、淡泊名利、勇攀科技高峰的情景再现。

船舶设计涉及机械、电气、航海、装饰等很多专业，痴迷造船的许学彦对知识的渴求有着广泛的兴趣。他说："自己最大的爱好就是读书，不断学习新知识，作好技术储备，只有这样才能适应中国造船事业的发展。"许学彦夫人告诉我们："他最爱逛书店，哪怕书里只有一篇文章对他有用，也一定要买回来。年届93岁的他还孜孜不倦地学习电脑，经常上网看新闻查资料"。几十年来，他把国家和海军需要放在心上，不畏艰难，勇于创新，刻苦攻关。经常是早出晚归，有时星期天也不休息。一次参加航天测量船的性能试验，正好赶上下雪，路上很滑，但他坚持上船和科技人员一起测试，及时解决问题，一站就是一天，使参加试验的人员感动不已。由于过度劳累，曾三次引起腿部丹毒症发作而住院，但病情略有好转，他又继续投入工作。

许学彦研究设计了许多船，有人称他为设计大师，但他却并没有感到自己有什么了不起，依然那么淡定，那么谦虚，那么安然。他带病工作，有人问他："你这么卖命，图个啥？"他说："这是我的工作，我得干好，别的我啥也不图！"他荣获何梁何利奖时记者为他拍了一张照片，老伴认为拍得很好，想挂在墙壁上。他忙说，挂它干什么，有什么好张扬的。说着把照片放到了床底下。一位大学教师问他，你在科学事业发展中最宝贵的经验是什么？他说："我没什么经验，我这一辈子就是老老实实干工程，无论任何事情，组织和领导让我做，我就尽职，努力把事情做好。"质朴的言语，告诉人们成功的真谛。

目录 CONTENTS

1. 耕读传家　学有所成　　　　　　1 ~ 18
2. 才华施展　设计舰船　　　　　　19 ~ 34
3. 自行设计万吨货轮"东风"号　　　35 ~ 44
4. 远望苍穹　　　　　　　　　　　45 ~ 76
5. 老骥伏枥　志在赶超　　　　　　77 ~ 96
6. 和谐美满的家庭　　　　　　　　97 ~ 107
   后　　记　　　　　　　　　　　108 ~ 110
   参考文献　　　　　　　　　　　111

1

耕读传家　学有所成

- 出身耕读世家
- 战乱求学路
- 立志造船
- 加入中国共产党

极目远眺浪推沙
——船舶设计专家许学彦的故事

出身耕读世家

1924年春天，黄天荡郑陆桥镇北夏墅村，一户厅堂里悬挂着《耕读传家》匾额，世代都是读书人的许家，出生了一个灵气聪慧的男孩，父母给他取名许学彦，寓意其长大能成为一名才学和品德兼备的人。果然，数十年以后许学彦主持设计了中国第一艘万吨级远洋巨轮"东风"号，中国第一艘长江大型高级客轮"昆仑"号，第一艘高速护卫艇，第一艘远洋航天测量船"远望"号等船舶。其中有的产品获得国家科技进步特等奖及省部级科技进步奖，有的入选中国十大名船。

60多年的船舶设计生涯，他主持或参与创造了许多个中国舰船设计的第一。几十条航行在祖国的江河、大海、远洋的大船和舰艇都凝有他的奇思妙想和心血。他成为一代舰船设计专家、中国科学院院士。曾与著名科学家陈景润一起荣获香港爱国华人设立的"何梁何利基金"奖。

不论是洞察秋毫、深思远虑、擅长治国的政治家，还是智谋多端、胸怀韬略的军事家；不论是思维敏捷的思想家，还是智慧超群的科学家，他们之所以事业异乎寻常都与他

许学彦常州老家祖屋（2011年4月，牟朝纲摄）

们从小家教有方、勤奋刻苦、胸怀大志有关，许学彦也不例外。他出身于书香门第，祖父许荣炳读过私塾，早在许学彦父亲三岁时暴病离世。许学彦的父亲兄弟二人，排行老二。伯父许宝祚当过村小学校长，还精通医术，为中医郎中，常在镇上为乡亲们治病。祖母是一个传统女性，因早年丧偶，自认命苦，于是一心拜佛，对乡邻行善好施，在村里人缘颇好。祖母以封建礼教管束孩子，把许学彦留在身边，对他疼爱有加，怕他影响学习，叫他少与别的孩子玩耍，嘱咐做人要诚实稳重、朴实，老实做人，踏实做事，不要出风头，安分守己。她过惯了中国农村的田园生活，直到后来举家迁居上海，她仍不愿离开祖祖辈辈颐养生息的故乡，直至仙逝。

许学彦的双亲是典型的严父慈母。父亲许宝良早年离开家乡在外求学，在许学彦出生的1924年，毕业于上海交通大学的前身南洋大学电讯工程系，毕业以后长年在外谋职挣钱养家。虽然长年在外，但对儿子的教育颇有见地，善于言传身教，他和妻子承秀婉常常向年幼的学彦灌输，一个家庭纵有万贯家产都可能会在瞬间失去，唯有学技术、有本领，凭自己的本事立家创业才最可靠。夫妇俩要孩子继承许家世代读书的家风，勤奋学习，自强不息。他虽然像天下所有的父亲一样对自己的孩子疼爱有加，但绝不溺爱娇惯，发现孩子有错，除了说明道理，有时也会体罚，此时的许学彦会躲到祖母的身后求得庇护，逃过皮肉之苦。

由于父亲长年在外谋生，幼年陪伴他最多的是祖母和母亲。母亲出嫁前读过初中，勤劳善良，知书达理，性格温和，明辨事理，邻里和睦。家中有土地40余亩[1]，以每年一、二十石[2]的

许学彦与父母及家人合影（1956年2月摄于上海）

---

[1] 1亩≈666.67平方米。

[2] 石：重量单位，不同时代，换算不同。清代，1石=28千克。

田租和父亲寄回的薪水为生。母亲除了操持家务之外，还采桑养蚕，纺线织布，一家老小的一日三餐全由母亲操持，衣服鞋袜也全靠母亲缝纫。许学彦的祖母和母亲乐善好施，每逢遇到天旱、雨涝、虫害，庄稼歉收，或者租户家中有难，总是会主动减免田租，以减轻租户的负担。看到村上有户人家清贫如洗，衣不遮体，饥不果腹，无力抚养子女，祖母和母亲不仅时常送钱送物接济他们，还将其女儿自小收养直到长大成人出嫁成家。祖母和母亲的勤劳善良、乐善好施的品德，培养了许学彦温和、谦让、与人为善又不乏倔强的性格。母亲一有空闲还会坐下来向他讲述二十四孝中"子为母卧冰捕鱼"，"岳母刺字精忠报国"的故事，勉励期盼许学彦将来做一个孝敬老人、关爱子女、报效社会的人。

儿时的许学彦聪明、伶俐，尽管受家庭封建礼教的影响，性格有些内向文静，但他与所有的孩子一样天性爱玩。江南水乡的仲夏，大自然生机盎然，令人入迷，他一有机会便瞒着祖母和母亲，带着弟弟和同龄的小伙伴到树林草丛间捕捉知了、蟋蟀，热了就跳进河里追逐嬉闹。此时，他最大的乐趣就是和那轻划而过的小船挥臂竞游。他心想，将来要是自己也能造条大船该多好啊！

战乱求学路

许学彦不到 6 岁就就读于北夏墅村小学，开始了他的求学之路。北夏墅村人杰地灵，北夏墅小学是武进县最早建立的小学之一，校风严谨、朴实、勤奋，教育质量优异，历届毕业生中被省立南菁中学录取的甚多，是一所方圆几十里闻名遐迩的完全小学。

许学彦在本村小学堂读书的时候，上课认真听老师讲，课后放学就与同学一起进行打乒乓球等体育活动。天智聪明的他学习成绩一直较好，还特别偏爱算术，表现出极有数学天赋，经常和同学一起比赛做难题，每当一道难题被自己首先解开，他别提有多高兴。别看他平时活泼顽皮，但是在算术难

许学彦曾就读的北夏墅小学现貌（2011 年 4 月，牟朝纲摄）

极目远眺浪推沙
——船舶设计专家许学彦的故事

许学彦曾就读的江苏南菁中学（2011年4月，牟朝纲摄）

题面前却会一反常态，往往为了破解四则应用类难题，倔劲一上来，哪怕是在盛夏的晚上，别人乘凉，摆龙门阵，屋内酷热难熬，汗流浃背，蚊叮虫咬，窗外玩伴们说笑打闹声不绝入耳，他仍会静坐在煤油灯下，趴在书桌前，苦苦思索。这时最能理解他心思的母亲便会安静地坐在他身旁，一边做着针线活，一边陪他攻读，直到攻下难题母子同乐。父母亲很关心许学彦小时候的学习，但从不强迫他学这学那，任其自由发展自己的兴趣爱好，在知识的海洋中遨游。

1935年夏天，许学彦小学毕业，以优异的成绩考入离家四五十里外的江阴南菁中学。那年，他11岁，生平第一次告别家中亲人，只身背着衣物书籍，坐上独轮车，再换乘汽车赶到江阴，踏上了新的求知之路。

江苏省南菁中学是一所历史悠久、文化底蕴深厚的百年名校，其前身是享誉省内外的南菁书院，由江苏学政黄体芳在左宗棠的协助下，于1882年12月27日创办。"南方之学、得其菁华"是它的办学理念，倡导学生崇尚勤读、提倡朴学、知行并重、关注社会。后来几经更名，1930年改名为江苏省南菁中学。

该校设置国文、英语、算术、三角、体育等课程。以重实、求严、图新为校风；以"忠恕"作为应事之方，"勤俭"作为立名成业之本，进德修业，立志报国。许多杰出的英才从菁园走上了广阔的社会舞台成为国家栋梁。如中国科学院院士盛金章、钱保功，国际宇航科学院院士曹鹤荪、世界生产率科学院院士陆师义。学校治学认真、成绩斐然，闻名大江南北。

第一次走出乡村僻野，新的学校、新的集体生活让许学彦开阔了视野，增长了见识。这段独立的校园生活，锻炼了许学彦生活自理的能力，忽然间他觉得自己长大了不少。中学里又增加了许多新的课目，特别是自己钟爱的数学和新开设的物理课，仿佛将许学彦带进了探索科学奥秘的迷宫，心中不由燃起强烈的求知欲望。他上课认真听讲，把老师讲授的每一个关键知识点入耳入脑，下课抓紧完成作业。每次考试，卷中试题、尤其是理科那些难度较大的题目，无不信手拈来。

尽管如此，许学彦还是没有摆脱孩子贪玩的本性。离家在处，脱离了家长的束缚，获得了"自由"，他更加贪玩。凭"小聪明"和"经验"，他自有对付考试的"法宝"——临考之前"抱佛脚"，这一招竟然使他依然保持着很好的学习成绩，他有些沾沾自喜。然而，当他将这个"法宝"用在英语学习时就失灵了，第二年英语期终考试他就"挂了科"。父亲得知后，把他狠狠地训斥了一顿，这件事在他年少的心里留下了深刻的印象，他悟出了学习不能靠小聪明，必须靠平时点滴积累的道理。于是把老师讲的每一个重点都深刻领会并加以巩固，并暗自下决心：一定要下功夫学习！

许学彦在南菁中学念到初中二年级的时候，正值1937年日本军国主义者发动了侵华战争，他平静的学习生活被打破了。淞沪抗战失利以后，战火迅速向内地蔓延，学校被迫关闭，无处上学的他，无奈之下只能离开学校，返回家乡。

回家以后，他从报上看到侵华日军每到一处便烧、杀、抢夺、奸淫妇女，日军的魔爪已伸向长江三角洲，正在逼近他的家乡。乡里许多人都举家逃难，当时许学彦的母亲，面对从未经历过的兵荒马乱的世道，丈夫又不在身边，自己还带着年幼的孩子，惊恐不安，整天过着提心吊胆的日子。她思前想后，为了防止一旦家中遭遇不测难向许家交代，一咬牙，决定让年仅13岁的长子许学彦跟随其堂兄及村里几个年长的人西去逃难，让他去安徽九龙岗，寻找在那里谋生的丈夫许宝良。心想：一旦家

南菁中学创办人黄体芳先生塑像（2011年4月，牟朝纲摄）

耕读传家 学有所成 7

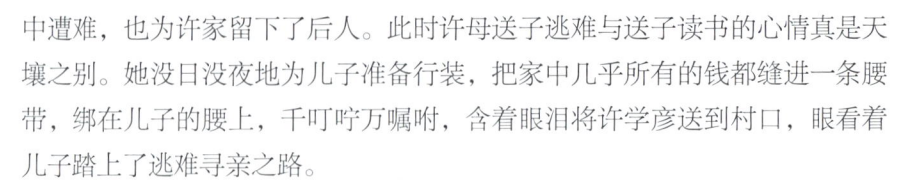

中遭难，也为许家留下了后人。此时许母送子逃难与送子读书的心情真是天壤之别。她没日没夜地为儿子准备行装，把家中几乎所有的钱都缝进一条腰带，绑在儿子的腰上，千叮咛万嘱咐，含着眼泪将许学彦送到村口，眼看着儿子踏上了逃难寻亲之路。

兵荒马乱的逃难寻亲之路苦不堪言，一路上到处都是逃亡的人流，逃难的百姓和从战场上撤下的国民党伤兵成群结队，哭声、喊声、惨叫声撕心裂肺。中年人背负着沉重的行李，小脚老太、黄发儿童也得独自行走。日本侵略者的飞机如入无人之境，而且飞得很低，抬头就能将机舱里的日军驾驶员看得一清二楚。敌机见到人群就投炸弹，用机枪扫射，硝烟弥漫。路上伤员和患病的百姓病痛加饥寒，走着走着就倒在地上再也爬不起来了，真是尸横遍野，满目疮痍，惨不忍睹。

隆冬时节，刺骨的寒风夹着冰冷的雨水击打在许学彦的脸上和身上，连日奔走劳累使他左腿刚刚痊愈的丹毒症因淋巴回流不畅而水肿了，他只能拖着水肿的左脚，一步一步地向前迈进。整整五天走了100多千米才好不容易走到了镇江。

此时，镇江火车站人山人海，车站周围到处簇拥着逃难的人群，候车大厅人声鼎沸，从镇江开往南京的火车车厢里更是拥挤得无立足之地。无奈，小小年纪的许学彦夹在大人之中，使尽浑身的力气才爬上了火车车顶，火车只能夜间缓缓行驶，原本只有一个多小时的行程却开了一夜才到了南京下关。在南京堂伯父家住了两天后他又乘火车到芜湖，再渡江到了裕溪口，乘上开往淮南的火车到了安徽九龙岗，终于见到了自己的父亲。

事后许学彦才得知，就在他们刚刚离开南京下关不久，日本鬼子就包围了这座六朝古都，发生了震惊世界惨绝人寰的南京大屠杀。至今回想起这段经历，他仍然心有余悸，如果当时再晚两天离开南京，自己也可能成了日军血腥屠杀的遇难者了。

艰难的逃难寻亲的经历，不仅给少年时期的许学彦留下了精神上的创伤，而且他左腿的丹毒症也从此留下终生疾患，至今不能治愈。逃难经历，对许学彦的人生观产生了巨大的影响，他无比痛恨日本军国主义，曾产生弃学从戎的念头，并决心长大以后造飞机、军舰，增强国力，抗击侵略，保家卫国。

局势进一步恶化使许学彦的父亲觉得九龙岗也不是久留之地，他带着许学彦继续向内地逃亡。从九龙岗经阜阳、河南信阳、湖北武汉、湖南常德、沅陵等地，受尽颠沛流离之苦，最后到达贵州，父亲在贵州麻江找到一份从事通信工程方面的工作，许学彦则跟随伯父到贵州铜仁。

在两年逃难期间，许学彦始终向往重返学校上学念书。生活稍一安定，他就抓紧时间复习功课。1939年夏，他考入贵州铜仁国立第三中学继续读初三。

许学彦进铜仁国立三中不久，因校舍不够，该校决定初中部由铜仁迁至相隔三四十里之外的江口。过去有句形容贵州的俗话"天无三日晴，地无三里平"，贵州地处高原，地势崎岖，阴天多雨，每逢下雨，道路非常泥泞。从铜仁到江口这段路程，以山道居多，好多路段一面是高山峻岭，一面是深达数十丈的山涧。许学彦跟随老师和同学们气喘吁吁地行走在山间小路上。

那天天空下着毛毛细雨，道路非常泥泞，夜幕降临，天暗路滑，疲惫交加的许学彦不小心一脚踏空，整个身体从路旁滑向山涧，身体急速下坠，如果滑进河里，就有生命危险，慌乱中，他下意识一把抓住路边的野草，可野草经不住体重加负重的牵拉，野草被连根拔起，许学彦的身体继续下滑，眼看就要跌进水流湍急的河中，突然，一块隆起的石头挡住了他的身体，此时他的两腿已经悬空。他紧紧抱住这块石头，两腿奋力向上攀爬，这时同行的师生听到他的呼叫之后及时赶到，才把他从滑坡下拉了上来。这次意外并没有吓倒许学彦，反而更加激起他对侵略者给中国人民带来巨大灾难的仇恨，更加增强了他努力读书成才的信念。许学彦后来回忆说，中国国防力量太弱，那时我心里就有个志愿，长大以后要为国防服务，增强国家的国防力量。许学彦之所以能够在以后漫长的科研设计工作中，在各种压力和技术难关面前，在他左腿丹毒病几乎每年都要"光顾"的情况下，坚毅不屈，勇破难关，都与他少年时代流亡逃难、艰苦求学的经历有关。

初中毕业，许学彦又返回铜仁三中继续读高中，此时他总觉得身体不适，整天咳嗽不止，伴有低热，自己查看医书，疑是患了肺结核，他心想，没有好身体，怎么能学好本领，做更大的事呢？所以他很想到医疗条件较好的贵阳作检查。而严厉的父亲以为他想到贵阳去玩，起初不同意他去，但经不住他再三请求，父亲才给盘缠同意他到医疗条件较好的贵阳医院检查。

许学彦到了贵阳，住在堂兄许学阶家，经医院检查未发现病灶，一切正常。当他把这一消息告诉父亲时，不料父亲却很生气，认为他果然是为了游玩才跑去贵阳，所以一气之下，断绝了对他的经济供给。许学彦感到很委屈，倔劲一来，干脆不再向父亲解释。自己经济来源没有了，时值1941年秋，继续读书要等到来年的暑期，间隔半年有余，而自己又不能这样长期住在并不富裕的亲戚家，于是他为了减轻亲戚家的负担，决定先在贵阳找份工作。他按报纸上的招聘广告到一所小学应聘，当上了小学抄写员。抄写员报酬低，工作辛苦单调，这份工作对于一名活泼好动的初中生来说真是不易。许学彦憋着一股气，每天早出晚归，日复一日地给学校抄啊抄啊，靠恒心和毅力坚持了下来。三个多月的抄写工作，练就了许学彦做事认真仔细、一丝不苟、全心投入的作风，这与他后来从事烦琐复杂的科研设计工作时所表现出来的严谨、周密、成就大事有着密切的关系。

1941年冬天，许学彦终于如愿以偿，考上了贵阳赫赫有名的国立第十四中学。该校以"诚朴做人、诚朴做事、诚朴做学问"为校风，培育出无数享誉世界的学者、政要和科学家。在这所学校里，他有幸遇上了一位让他终生难忘的蓝彦哉老师。蓝老师是一名教英语的归国华侨，非常善于循循诱导，常对学生说国家要强大，必须学好外语，掌握这门知识，才能开阔眼界，了解世界、走向世界。他启发学生学习英语的兴趣，教书方法颇为独特，同时也非常注重培养学生的文学修养，选择教授的课文大都是选自国外名著。他用标准流利的英语将那些动人的故事用优美的语言娓娓道来，听他讲课就是一种享受。

他常要学生背诵外国文学作品里的段落，这对有心要学好英语的许学彦很有吸引力，他早读晚背，分外用功，进步很快，再也不觉得学英语有多么难。他从蓝彦哉老师那里学到的不只是英语，更重要的是一个人要有自信的品质，这与他后来在科研设计工作中遇到技术难题时信心满满不无关系。此事尽管已过去了多年，至今每当许学彦回忆起这段往事，依然对蓝老师充满感激之情。

弹指一挥间，许学彦完成了高中学业，他要上大学实现父母对自己的期待。

立志造船

高中毕业,许学彦如愿以偿地考上了大学,并且不止一所。许学彦说:"当时有什么学校来招,我都去考了。我记得当时有昆明西南联大航空系、浙江大学机械工程系、贵州平越交通大学土木系、兵工学院、重庆交大造船系,居然全都被录取。有5个学校、5个不同的专业好选择。"此时此刻的许学彦青少年时期的经历一幕幕呈现在眼前:家乡村落地势低洼,整个村庄被一条大河黄天荡包裹,村中小河纵横交错,进出要靠船只,交通十分不便。许学彦想起家乡那些小木船,想起远离母亲整整的8年,想起逃难路上的每一天。正是因为战争,才让他背井离乡。中华民族多次被侵,侵略者都是从海上攻入,中国太落后了,中国近代造船业太落后了。为了实现儿时的夙愿,改变中国农村的面貌,建造中国自己的舰船,增强国力、抗击侵略、保家卫国,他毅然放弃了其他4所大学,最终选择了重庆交通大学造船系,走上了他日后成为一代船舶设计专家的求知之路。

重庆交通大学造船系是现在上海交通大学船舶及海洋工程系

上海交通大学现貌

耕读传家 学有所成 11

极目远眺浪推沙
——船舶设计专家许学彦的故事

上海交通大学读书时的许学彦

的前身。该系第一任系主任是我国造船界一代宗师叶在馥先生，著名造船专家杨仁杰、辛一心、王公衡、张文治、王荣瑸、杨俊生、杨槱等都在此系任过教。该系培养的高级技术人才分布在造船、航运、船检、海洋工程、渔业、海军各部门。当代中国船舶工业和海洋工程领域中每一个重大成就，都凝聚着交大造船系毕业生的智慧和汗水，他们引领了本行业的新潮流，他们为我国的船舶和海洋工程领域做出了卓越贡献。因此，上海交通大学造船系被誉为我国造船专家的摇篮。

许学彦进大学后的第二年（1945年），抗日战争胜利了，1946年交通大学由重庆迁回上海。

当时国际国内的政治经济、科技发展的消息纷至沓来，历来就对政治时事极为敏感的大学生群体使得校园生活变得十分活跃，政治气氛甚浓。

许学彦期盼国家和平、人民富强。他想自己不善交际，也不会虞媚奉承，做官这条路行不通，只有把书读好。于是他对所学的船舶专业很有兴趣，平日埋头读书，一心希望将来学成做一个对国家有用的人。

国内政局打破了许学彦一心想读圣贤书的梦想，他耳闻目睹国民党政府日趋腐败，有钱有势者不思为国家效劳，而是置国家存亡、百姓生死于不顾，徇私舞弊，中饱私囊，五子登科，物价飞涨，民不聊生。联想在贵阳街头看到壮丁骨瘦如柴，倒在地上像个骷髅奄奄一息无人理睬。国民党为补充兵源随街拉丁，弄得满城风雨。面对此情此景许学彦对国民党政府彻底失去信心，深感这个社会非改革不可。

许学彦在上海交通大学读书时，有幸聆听过辛一心的课，他说，现在追忆起来回味无穷。辛先生讲课时，不缓不急、条理分明、重点突出、很有特色。记得他教授船舶静力学课程时，在黑板上疾书还不时进行讲解。从原理阐述、内容的分析到公式的演绎，均逐一交代，做到深入浅出，既清晰又易懂，使学生得益匪浅。学生课后翻看记录的笔记，像是一本完整的教材，辛先生因其严谨的作风和循循善诱的态度以及高尚的道德修养，深受学生的爱戴。许学彦说，辛教授是我遇到学识渊博而又诲人不倦的最好的一位老师。他是第一批公费留学英国的大学生，回国后开始在西安乡下一所学校当教授，以后到重庆交大。辛一心是中国造船学家，当代中国船舶设计和科学研究机构、交通大学造船系的创始人，为中国造船和航运界培养了大批专业人才。他对船舶流体力学和结构力学均有很深造诣，他编著了《船舶阻力》《船体强度》《船舶动力学》《船舶结构力学》《流体力学》《船舶振动学》，为开创当代中国的船舶设计、科学研究和教育事业做出了卓越的贡献。辛一心教授在新中国成立后，先后担任上海市军事管制委员会航运处修理打捞委员会主任委员，人民轮船公司总工程师，上海市军事管制委员会华东地区船舶建造委员会船舶建造处处长。1950年6月中央人民政府重工业部船舶工业局于上海成立，他历任技术处处长、设计处处长、兼总工程师。1952年，船舶工业局隶属一机部，改名船舶工业管理局，他任船舶设计处处长兼局技术处处长。1955年，船舶工业管理局迁京，设计处留沪，分设产品一室和二室，他任产品二室（中国船舶及海洋工程设计研究院的前身）主任兼总工程师。1956年，船模试验所改称造船科学研究所（中国船舶科学研究中心前身），他兼任所长。许学彦回忆说："辛教授治学严谨，诚挚为人，讲课深入浅出、条理清晰、言简意明。时隔数十年，但辛教授上课时风趣的语言、音容笑貌，仍铭记在心。我至今还留着他讲课笔记。在辛教授那里学到的船舶设计的理念和知识使我受用一生。"

1948年夏天，许学彦以优异的成绩从上海交通大学毕业，他满怀热忱地梦想自己毕业以后可以学有所用，为国家出力，可以为振兴我国造船工业出一分力量了。他一心想的是我国有广阔的海岸线，一

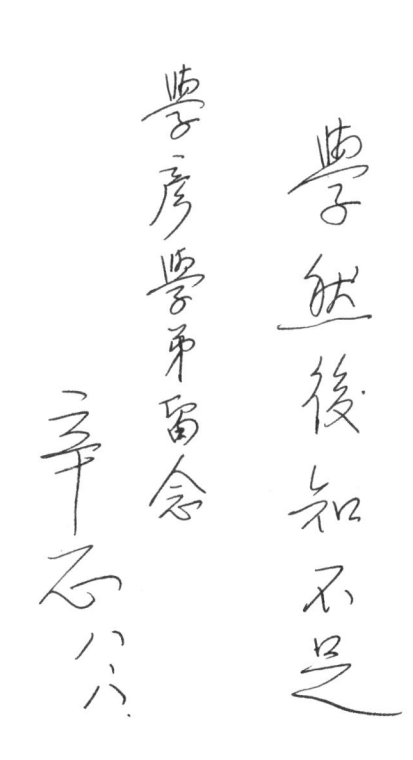

1947年恩师辛一心题词

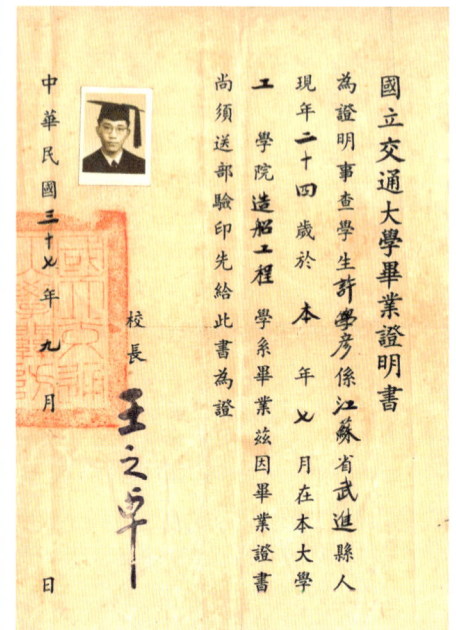

极目远眺浪推沙
——船舶设计专家许学彦的故事

许学彦上海交通大学毕业照　　许学彦上海交通大学毕业证书

定要用自己的学识加强中国的海防建设！然而现实却将许学彦美好的愿望、美丽的梦想击了个粉碎。1948年的上海，许多学生毕业即为失业，国民党政府政治腐败、经济凋零、物价飞涨、民不聊生，别说许学彦一介平民书生无法进入梦寐以求的船舶企业，就是进入了，当时中国造船工业的现实也不能让他有施展才华的舞台，强烈的失望感加之生活所迫，使他不得不设法解决生存问题。许学彦进入了英国人开办的濬浦局充当实习员，主要工作是计划和计算疏浚挖泥船的挖泥量，还要到下属单位张华浜船厂实习，看工人是怎样修船的。这一经历使他这个刚毕业的大学生增加了许多造船工艺、生产流程等各个环节的实际知识和经验。他深刻认识到只有好的设计，才能造出性能优良的舰船；而有了好的设计，没有高水平的技术工人，也造不出高质量的舰船来。这为他后来从事舰船研究设计打下了基础。

许学彦当时办公地点在外滩海关大楼的五楼，每当他凭窗眺望浦江上挂着各国国旗的船只来来往往，看着外国人的趾高气扬，而中间穿插着往返浦东浦西之间为生活奔走的平民百姓的小舢板，心中总忍不住失落悲愤之情。濬浦局原系洋人机构，处处体现洋人欺压华人，管理的人霸气十足，职员中相当一部分是"皇亲国戚"，在这种条件下工作，他有一种受帝国主义和官僚资本主义压迫的感觉，心中十分不快。

1949年5月27日上海解放，在外滩上班的许学彦深感到一股清新的气势正向他靠近，他怀着兴奋与疑惧的心情迎接伟大的中国人民解放军解放大上海，兴奋的是中国人民今天真的推翻了帝国主义、官僚主义、封建主义三重压迫，多年来他不满与痛恨的国民党政府滚蛋了，人民当家做了主人，面前将是国富民强无限美好的社会主义，在共产党、毛主席的领导下，幸福的新社会开始了；疑惧的是对共产党、人民解放军不熟悉、不了解，不知道人民政府将对像他这样在旧政府濬浦局工作的人员采取什么政策。

随着时间的推移，许学彦目睹了中国人民解放军不扰民的铁的纪律，亲身感受到共产党、人民政府在极端困难的条件下，制定的各项政策都是为国家、为人民着想。在上海解放前夕，外国的殖民主义者曾扬言：共产党怎样进来的，就要他们怎样出去。但在党中央领导和上海人民政府的领导下，在全国各地的支持下，国民经济日趋恢复发展，稳定了多年来一直上涨的物价，社会秩序，市民生活安定。特别是人民政府，对濬浦局的工作人员全部包下来，原薪未动，实际生活水平不仅没有降低，反而有所提高，使许学彦很快由疑虑转为心情舒畅，欢欣鼓舞。这时的许学彦看到国家各方面的建设突飞猛进，新鲜事物层出不穷，而自己所在的濬浦局人浮于事，没有什么实际工作，窗外景色那么美好，自己还闷在屋里，他实在坐不住了，恨不得自己马上能投入到紧张的建设工作中去。他想参加中国人民解放军南下服务团，可当时父亲失业，全家8口人的生活全靠他负担，无法脱身。这时恰遇中央第一机械工业部船舶工业管理局成立，许学彦便于1951年由濬浦局辞职，经恩师辛一心教授介绍进入该局技术处，从事船舶设计工作。许学彦自幼以来造船的梦想终于开始实现了。从此他便翱翔在舰船研究设计的领域中，从小型的机帆船到万吨级的远洋货轮、从小炮艇到大型登陆舰、从民船到军船、从各种工作船到"海上科学城"的航天测量船……他将自身的一切融入舰船世界，他游刃有余地遨游在舰船设计这个科学技术的海洋中。

加入中国共产党

许学彦在读初、高中时，在合作金库工作的朋友常借给他一些鲁迅、茅盾、巴金、郭沫若等人的小说，看了以后他觉得闹革命很不容易，要有不怕死的精神。借来的小说看完了，他又借看了几本当时被列为禁书的社会主义理论书籍，虽然对书中所述资本主义一定要灭亡、社会主义一定会取而代之的理论还不是很明白，但是他认定社会主义是进步的，将来一定会实现。这是他平生第一次了解什么是社会主义。

在重庆，他从《大公报》和《新华日报》中了解到一些共产党的政策和中国共产党领导人的活动，他关注重庆的政治协商会议和重庆谈判，关注延安和人民解放军取得的战果。

1947年上海交通大学校园里学生运动风起云涌，蓬勃开展。许学彦参加了上海高校学生不满日益腐败依靠美国主子出卖民族利益、把美国当成中国"太上皇"的国民党政府的游行，参加了同学们在上海真如火车站集结准备到南京请愿的行动，学生们在火车站熬了一夜，后因国民党政府极力阻挠未能成行。美军在中国土地上横行不法，胡作非为，享有治外法权，中国警察不敢过问，尤其是发生美国士兵强奸中国女学生的事件，更加激起学生们反美、反蒋的爱国激情。许学彦多次参加由学生们组织的抗议美军士兵暴行、反饥饿、反内战游行示威活动，并由此开始关注起政治和对国家未来的担忧。在一次参加"反饥饿、反内战、反迫害"的示威游行和去南京请愿途中，他亲眼看到国民党政府对手无寸铁的学生采取残酷的镇压，用水龙头、皮鞭冲打学生，军警用"飞行堡垒"冲击殴打学生队伍，逮捕进步学生，甚至枪杀学生。于此同时，进步学生、中共地下党员面对强敌、面对死亡所表现出的英勇斗争精神，深深感染和教育了许学彦。国民党的种种暴行，使许学彦彻底认清了他们的真面目：对外献媚卖国，对内没有一丝民主自由，为此，他痛恨国民党反动政府，认为非得用革命手段才能推翻压在中国人民头上的"三座大山"，只有革命才能彻底解放全中国，而带领中国人民推翻反动阶级统治的领导者非中国共产党莫属。他对中国共产党有了初步的认识。

1949年10月到1952年底，经过三年多的艰苦奋斗，新中国成立以前遭到严重破坏的国民经济得到恢复，并有了较大的发展。许学彦从报纸上看到1952年底全国粮食产量从1949年的1131多亿千克增加到1952年的1639多亿千克，增长44.8%，比历史上最高年产量的1936年增长9.3%；棉花总量从1949年的888万担，增加到1952年的2608万担，增长193.7%，比历史上最高年产量的1936年增长53.6%；工业总产值810亿元，按可比价值计算，比1949年增长77.6%，平均每年增长20%左右；财政收入比1950年增长181.7%。这一切使许学彦受到极大鼓舞，对中国共产党的认识也有了进一步提高。

新中国成立后，由于刚从旧社会进入新社会不久，许学彦对新的社会事物不了解、不熟悉，他认真观察并注意学习，希望深入地了解革命、了解共产党、了解新社会，以适应形势发展的巨大变化。按党对知识分子团结、教育、改造的方针，各地先后举办军政大学、革命大学及各种短期训练班。船舶工业管理局和第二船舶产品设计室党组织重视思想政治工作对科技人员的理论学习和教育。许学彦说，这里的政治学习气氛很浓，经常组织知识分子学习时事政策，举办社会发展史、历史唯物主义、新民主主义论等理论讲座。通过这种学习，许学彦了解了劳动创造人类的基本理论，了解了国内外形势和党的各项政策，开始认识中国革命和中国共产党，为逐步树立正确的人生观打下初步基础。认识到只有社会主义才能救中国，中国共产党是无产阶级政党，是代表广大人民根本利益的、全心全意为人民服务的政党，党员是党组织的细胞，党组织是由每个党员组成的，党员是一面旗帜，他向往共产党，羡慕能参加这个组织的共产党员。

许学彦看到和自己一起工作的共产党员勇挑重担，各项工作走在前面，他说："党员的模范行为和思想品德深深感染教育着我，精英都在共产党队伍里。我想成为一个精英，做一个对国家有贡献的人，争取加入到这个组织里来。"在党组织的帮助教育下，他开始萌生了要求加入中国共产党的愿望。

上海船舶管理局一成立，就建立了党组织。船舶设计产品第二研究室总

极目远眺浪推沙
——船舶设计专家许学彦的故事

支部书记武彦荣是一位 1937 年入党的老革命，他平易近人、作风深入、关心同志，特别关心青年科技人员的成长，经常找许学彦谈心，向他宣传党的路线、方针、政策，讲述中国共产党的指导思想和奋斗目标。指出一个青年科技人员，要为祖国的发展做出贡献，不但技术要好，而且思想也要好，要有理想、有抱负，鼓励他政治上要积极上进，要向组织靠拢，争取加入党组织。组织的关心、领导的帮助教育使许学彦备受鼓舞，于是向党组织递交了入党申请书。他写道：新中国翻天覆地的变化，抗美援朝、社会主义的改造等运动感动了我，同时我亦参加了平素梦想的真正的造船工作，并且从自己手里造出了船，这对于经历过旧中国的技术人员是多么兴奋鼓舞的事啊！随着社会主义建设的进行和发展，他更感到新中国的亲切，作为中国人的自豪，挺起胸膛做人，同时也深切感到个人前途与国家前途、人民利益是不可分割的，处于这样一个伟大的时代，每个人都有重大的责任感与远大前途，不能白过这一生，要把党的宗旨作为自己一生追求的目标，要为祖国为人民多做些事。他暗自下定决心，一定要好好学习，勤奋工作，以实际行动接受党组织的考验，实现自己要加入中国共产党的愿望。1956 年 9 月，许学彦由胡志英、肖萍两同志介绍光荣加入了中国共产党，将自己要造大船、造好船、为增强国防力量、为实现共产主义远大奋斗目标紧紧地结合在了一起，决心将自己的全部奉献给中国舰船研究设计事业。

2

才华施展　设计舰船

- 应急设计民用船舶
- 从仿制到自行设计
- 设计小型登陆艇

极目远眺浪推沙
——船舶设计专家许学彦的故事

新中国的成立、蒸蒸日上的船舶制造业为许学彦提供了实现理想、施展才华的舞台。进入船舶工业管理局技术处设计组对他而言可谓如鱼得水,一干就是60多个春秋。60多年来,他亲自主持或参与了50多种型号舰船的设计研究,填补了中国船舶设计的许多空白,他和他的同事们创造了许多项中国船舶设计史上的第一。

应急设计民用船舶

1951年,许学彦调到船舶工业局技术处设计组,参加设计的第一艘船是为上海市轮渡公司设计的黄浦江渡船"海济"号。

渡船,是专为过江、河和海峡用的船舶。根据使用要求渡船可以分为旅客渡船、车客渡船和汽车、火车渡船。

旅客渡船通常是短途船,只设部分座席,乘客多分布在乘客甲板上。当船靠岸时乘客常集中到一舷,如果稳性不足可能会引起过度的横倾。为提高乘客定额并保证有足够的稳性,有的渡船采用双体。

火车渡船被称为连接大江南北的水上铁路,如长江火车渡船"金陵"号,船长126米,甲板上设三股轨道,共可排列75吨型货车18节加50吨型货车9节。

汽车渡船是首尾对称的双端上下汽车的渡船,两端均可靠岸,航行时船舶不用掉头,汽车上下不开倒车。首尾甲板两端平直,并设有吊架和跳板,便于汽车开上开下,驾驶室设在船的一舷,既便于瞭望又节省甲板面积。

如今市民过黄浦江很方便，可以过大桥、走隧道、乘轮渡。但在过去相当长的一段时间，连接浦东、浦西仅有黄浦江上的渡船。

黄浦江蜿蜒 40 千米，贯通上海市区，将上海分割为浦东、浦西两大块。浦东与浦西虽仅一江之隔，繁荣程度却相差悬殊，"浦西闾阎节比，车马喧闹；浦东则市廛冷落、地区空旷"，究其原因，实为黄浦江一条天然屏障造成交通不便。早在元朝和明朝，上海地区已出现民间摆渡，靠手摇舢板过江。光绪年间，黄浦江两岸码头工厂货栈次第兴建，随着人口的增加，大量货物在上海集散，客货流量越来越多，用舢板作为运输工具越来越显得落后。1910 年 12 月 5 日，黄浦江官办轮渡开出第一班渡船"安泰"号，由浦东直驶浦西南京路外滩铜人码头。国民党撤出上海，给黄浦江轮渡留下的是一个烂摊子。1949 年 5 月 25 日在解放上海战役中，周江线（浦东周家渡至浦西江边码头）职工找回"新明"1 号轮，把解放军安全送达浦西，为解放上海做出了贡献。上海解放第二天，上海市军管会就派军代表进驻市轮渡公司，发动群众恢复各航线运营。因渡轮少不能满足需要，上市轮渡公司决定建造一艘新渡船。命名"海济"号，这是许学彦参加设计的第一艘船，他用自己所学的船舶设计专业知识，设计绘制了线型图、总布置图、中剖面图、基本结构图、螺旋桨等图纸，编制了总体性能和结构强度计算书。当时他的绘图台就在辛一心教授办公室的门口，辛教授经过他的绘图台，总会请辛教授看看他绘制的图纸，请他指出存在的问题。在辛一心教授耐心指导下，许学彦学到了很多书本上学不到的知识，设计水平得到提高。当时没有船模试验水池，不能搞船模试验，一切都是按参考书和自己所学船舶设计专业理论知识，结合黄浦江渡船的实际需要来进行设计。该船建成后，便利了黄浦江两岸人们的往来和物资流通，受到用户和老百姓的欢迎。用户反映这条船阻力小，布置合理，又平稳，性能优于过去所有的渡轮。这是许学彦船舶设计生涯中的处女作，牛刀初试取得圆满成功。当他看到"海济"号穿梭于黄浦江两岸，心里充满了自豪和喜悦。

新中国成立初期，上海招商局所属沿海客货轮几乎全被国民党劫走，余下的有的也已遭到破坏。航运单位使用的沿海客货轮也大多是设备简陋、适航性很差，或由老、旧货船改装而成，远远不能满足沿海城市客货运输的需要，急需设计建造适应我国沿海航运的客货轮。

客船的主要任务是载运旅客及其携带的行李，对兼载运少量货物的客船也称客货船。由于客船多为定期定线航行，通常也称为客班船。在广为发展

才华施展　设计舰船

洲际航空以前，国与国之间的邮政业务主要靠快速远洋客船承担，所以这种客船又有邮船之称。

客船的性能和设备须确保航行安全，因而对客船有如下要求：应具有足够的强度；具有一定的抗风能力，在一定风浪的作用下不至于倾覆，并在旅客集中于一舷时，或在船舶回转时，应保持相当的稳定性，不至出现不利于安全和旅客发生惊慌的过度倾斜；在一定数量的隔舱因破洞而进水时仍能保持船舶不沉没；在构造上和选用材料方面均应有必要的防火措施；有足够的消防、通信、救生等设备；要求采用双机双推进器，在一个推进器发生故障时，另一个推进器仍能保证船舶继续航行，此点与提高操纵性的要求也是一致的。

客船还要为旅客提供较好的居住条件，包括旅客居住舱室应备有自然采光、照明、空气调节、卫生等设备，为旅客提供游步所需的宽敞甲板和文娱体育处所以及为使旅客适应海上生活，在风浪较大的航区应考虑采取防止船舶摇摆的措施。由于客船需要较大的甲板面积和舱室面积，所以船体相对要长一些，甲板层数多些，如有的客船多达八九层甲板；为减少空气阻力，快速客船的上层建筑首尾大都呈阶梯形，使上层建筑和其他实体都包络在一个光顺的流线之内，这种造型也会给人快速感。

1953年7月，交通部上海海运管理局和一机部船舶工业管理局签订研制沿海客货轮的协议。该船由船舶工业局技术处设计，江南造船厂建造，并起名为"民主"10号，由处长辛一心亲自负责。这是我国第一次自行设计建造的沿海客货轮，为我国以后研究设计第一艘万吨轮打下了基础。因没有母型船参照，设计组广泛收集资料，认真分析国外的成功经验，特别是对船的重量、重心反复计算；为严把重量关，他们和工厂技术人员一起对装船的机器设备及生活设施逐件称重，发现误差，及时更改相关图纸，这种认真负责的工作态度和当时获得的第一手资料成为设计处的宝贵财富，一直沿用了许多年，为后来保证船舶设计质量发挥了重要的作用。

"民主"10号小港客货轮于1954年4月20日开工，12月27日下水，1955年11月27日，在黄浦江码头举行开航典礼，《人民日报》头版以《我国自制第一艘沿海客货轮下水》为题作了报道。

该船具有吃水浅，适航性好，载客量大等特点。投入营运后，颇受欢迎，获得各方好评，荣获一机部产品设计特等奖。通过该客货轮的设计建造，锻炼了一大批设计和建造人员，中国从此走向了自行设计和建造海洋运

"民主"10号小港客货轮

输船舶的道路。

1951—1954年，许学彦还先后参加了33.5米拖网渔船、川江客货轮、30.5米长江港务船、黄河双车叶蒸汽浅水拖船、280立方米开底泥驳、东北水产局渔轮等十几条船的研究设计工作。这些船的总体性能、结构、装置三个专业的绝大部分图纸和计算书他都亲自做过。许学彦深知实践出真知，要想知道梨子的滋味，必须自己亲口尝一尝，因此，他不管是大项目、小项目，不管是技术含量高的项目，还是技术含量低的项目，不管是事关全船的总体布置图、基本结构图，还是一个具体设备的基座图，都认真对待，从不马虎。他现在回忆起那段工作时说"那是我成长中重要的一环，科技人员必须从具体工作做起，这样，才能了解掌握所学专业，才能更有发言权。"

许学彦在实践中经受锻炼，在每一型船的研究设计中增长知识，获得经验，不断成长，不久他就承担了设计高速炮艇的任务，任该艇设计的船体主办。

长江豪华客轮"昆仑"号

才华施展　设计舰船　23

从仿制到自行设计

炮艇是出现较早的一种战斗舰艇。在第一次世界大战中，同盟国海军为对付德国潜艇，保护本国港口、锚地和商队的安全，英国和美国相继发展炮艇。这些炮艇为木质船体，排水量42～75吨，航速17～19节[①]，装备有20～37毫米舰炮1～2座，机枪数挺和6～8枚深水炸弹等武器。

美国"旗杆"级水翼炮艇，满载排水量568吨，采用全浸式水翼，由自动驾驶仪控制和操作，可以收放。翼航时，用1台2647千瓦（3600马力）的燃气轮机，采用直角传动带动调距螺旋桨，最大航速51节；排水航行时，用2台柴油机带动喷水泵进行喷水推进，巡航速度大于7节。翼航40节时，续航力560海里。武器有40毫米舰炮1座、81毫米无后坐力炮1座、双管20毫米舰炮2座。可在4～5级海况下翼航，4级海况下能使用武器。该级艇具有良好的适航性，但造价高，技术复杂。

土耳其"萨尔33"型高速巡逻艇，满载排水量170吨，采用3台柴油机，总功率8824千瓦（12000马力），最大航速40节，持续航速37节。此型艇为多用途型艇，可根据任务需求装备成炮艇或导弹护卫艇。采用深V型艇型，具有良好的适航性。

法国PR72级护卫艇可根据需要装备成炮艇，称M型；或装备成导弹护卫艇，称P型。M型炮艇，武器有单管76毫米舰炮、双管40毫米舰炮各1座，20毫米自动炮2座。P型导弹护卫艇，除保持炮艇各种火炮外，还装有"飞鱼"型舰舰导弹发射装置4座，火炮和导弹采用综合武器控制系统。艇型为圆舭型，主机采用4台高速柴油机驱动4个可调距螺旋桨，或采用两

---

① 节：速度单位，1节=1海里/时≈0.5米/秒。

55 甲炮艇

台柴油机和一台燃气轮机联合动力装置，最大航速可达38.5节。16节航速时，续航力可达2500海里。装有全套高频、甚高频、超高频通信设备和导航雷达。

新中国成立初期，人民海军的主要装备是缴获和接收的投诚的国民党舰艇，不仅数量少，型号繁杂，而且十分老旧，作战能力极差。当时解放战争仍在进行中，国民党空中轰炸，海上封锁，抢掠商船和渔船，海匪骚扰破坏沿海城镇，一些岛屿还在国民党的控制中，以及护航护渔的需求，海军装备急需加强。限于当时的综合国力、工业基础和科技水平，不可能建造大中型舰艇，只能从研制小炮艇开始。

1950—1954年年初，在苏联专家的指导下，海军江南造船所等单位设计了炮艇。这批炮艇在沪渔护航和解放沿海岛屿中发挥了重要作用，但是，由于排水量小，航速和火力配备都难以与当时国民党马达炮艇和韩国快速侦察艇抗衡，急需研制航速快、火力强的新型炮艇。

1954年8月，海军舰船修造部设计处委托船舶工业管理局第二产品设计室承担我国海军新型高速炮艇的技术设计和施工设计，这是我国第一次自行设计和建造比较复杂的军用炮艇。许学彦当时担任一机部九局第二产品设计室结构科副科长、工程师，后来调任第二代高速炮艇设计组负责总体、船体、舾装等专业技术方面的主办，开展技术设计和施工设计。

此时此地，许学彦的心情沉重而高兴，沉重的是感受到任务艰巨，高兴的是能亲自设计中国人自己的舰船。许学彦在办公室凝视着祖国的东南方，

才华施展　设计舰船　25

望着地图上中国那广阔无垠的大海，以及还在国民党控制中的金门马祖和台湾岛屿，心情久久不能平静。海军初建，急需大批炮艇，许学彦深知身上肩负的重任。

研制新型炮艇，当时国内既无参考资料，更缺建造经验。面对困难，许学彦作为该船的主办人，带领设计组全体人员在干中学习、摸索、边干边学，充分发挥大家的积极性，解决了阻力计算、总体布置、螺旋桨设计、船体结构设计、舵的设计等技术难题。

炮艇设计首先是航速问题，船在水中航行，在同样动力下航速取决于船体的重量和线型等因素，为使炮艇提高航速，必须减轻船体重量。首制艇通过采用铝质部件，减轻艇体重量，调整浮态，提高了航速。

其次解决了两种不同功率的主机与船、桨匹配等问题。主机提供动力，螺旋桨产生使船前进的推力，船就会运动，这是船舶运动原理。

船要跑得快，除需加大主机功率之外，还需设计好舰体的形状（线型），使之阻力小，并且设计好船尾的形状使之与螺旋桨在水动力性能上取得良好的配合。此外，主机和螺旋桨都会引起船舶振动，也会产生噪声。因此，许学彦和设计人员在设计时注意并解决了船、机、桨三者的匹配。

首艇1955年由大连造船厂和沪东造船厂分别开工建造，同年8月下水试验，12月验收交付使用。该艇在中国人民解放军海军装备发展史上具有重要地位，由于航速快、火力强，受到部队官兵欢迎，在20世纪50年代巩固海防和对敌斗争中做出了重要贡献。1958年的金门海战，3艘55甲艇采用近战夜战的战术，合击并一举击沉台湾的"沱江"号猎潜艇，开创了小艇直接打沉敌大舰的先例。此外，55甲型艇还多次在追剿小股武装匪特船的任务中立下战功，1958年9月29日，汕头水警区2艘55甲型炮艇击落敌C-46型运输机1架；1959年2月2日，福建基地3艘55甲型炮艇击沉"63"号炮艇；1960年3月1日，福建基地3艘55甲型炮艇击沉敌"远征517"号炮艇；1962年12月6日，汕头水警区4艘55甲型炮艇，追歼击毁敌"祥顺"1号特务船等。55甲艇某艇曾被授予"海上猛虎艇"的光荣称号。

由于许学彦在设计过程中的突出表现和贡献，1955年、1956年连续两年被评为优胜工作者，并得到物质奖。1956年10月11日，许学彦晋升为七级工程师。

设计小型登陆艇

　　许学彦是我国造船界最早从仿制到独立设计小型登陆舰艇的科技工作者之一。登陆艇出现于第二次世界大战前,是一种小型两栖舰艇,为输送登陆兵及其武器装备补给品登陆而专门制造的舰艇。登陆艇可在由岸到岸登陆中输送登陆兵、车辆、坦克和物资直接登陆,或在由舰到岸登陆中作为换乘工具。

　　登陆舰艇分类按主要装载对象分为人员登陆艇、车辆登陆艇和坦克登陆艇等。按排水量和装载能力分为小型、中型和大型登陆舰艇。在600吨以下的登陆舰艇称为登陆艇,它按吨位大小分大、中、小3种。小型登陆艇,排水量10~20吨,续航力约100海里,能装载登陆兵30余名或物资3吨左右;中型登陆舰艇,满载排水量50~100吨,续航力100~200海里,能装载坦克1辆或登陆兵200名或物资数十吨;大型登陆舰艇,满载排水量200~500吨,续航力约1000海里,能装载坦克3~5辆或登陆兵数百名,或物资100~300吨。

　　登陆舰艇航速多在12节以下,艇首设有与艇同宽的首门兼跳板,装载舱为敞开式,装备有机枪或小口径舰炮。吃水浅,机动灵活,可深入到登陆舰不能到达的浅水区和岸滩登陆。但续航力小,航速低,耐波性差,活动范围受到限制。

　　1949年人民海军创建时,没有一艘国产登陆舰艇,仅有一些从国民党那里缴获来的美制40年代建造的登陆舰艇,这些舰艇不仅在数量上满足不了部队需要,在性能上也不能满足现代登陆作战的要求。此外,我国沿海岛屿众多守岛部队需要登陆艇提供补给。

才华施展　设计舰船

为此，上级下达小型登陆艇的研制任务，这是新中国成立后研发设计的第一个小型登陆艇。该艇主要使命是在没有码头设施的沿海岛屿间运输军需给养、工程建筑器材；作战时，运送车辆、火炮、坦克和登陆部队在敌岸滩头登陆；此外还能在内陆大江、湖泊河流使用。许学彦和设计人员广泛收集小型登陆艇的资料，认真学习分析国外登陆舰艇，解决了当时还是难题的螺旋桨与艇体阻力和推进等问题。

该艇吃水浅，适用于内河和沿海的浅水区域航行。由于平底，能在无码头的岸边方便地进行登陆和货物装卸，加上设备简单，维修方便，深得海军领导机关的欢迎和好评。该艇及时地装备了部队，为我国岛屿和沿海军用物资运输起了很好的作用，我国登陆舰艇装备的建设从仿制小型登陆艇开始走上自行设计的道路。尽管它吨位不大，但产品的性能优良，我军依靠自己研制的沿海登陆舰艇保证了平时勤务任务的正常执行，使海军初步具备了近岸两栖输送能力。

许学彦注重在实践中学习、总结、提高。参加几条船的设计工作之后，他深感自己在交通大学学习的书本知识，无论是理论深度还是专业面的广度都有局限性，远远不能适应作为一个优秀舰船总体设计师的要求。因此他抓紧时间进行学习"充电"，自学造船规范，如英国劳氏钢船建造规范、美国ABS规范、苏联海船建造规范与日本钢船规范等。还影印了英文版造船手册进行学习，这些知识的学习，加上他参加多条船的设计实践，使他很快就可以独立承担船舶产品的研究设计。20世纪50年代中后期，荷兰船模试验水池出版了英文版造船理论与实用方面的书，他买来仔细阅读，认真学习研究，使他在舰船总体性能方面的设计水平不断提高。尤其值得一提的是，在繁忙的工作中他还到交通大学旁听"杆件与杆系的弯曲与稳定性"、"板与壳的弯曲与稳定性"等课程，使他对结构力学有更深的理解。以前在设计船体结构构件时是查规范，查不到规范的就按简支梁来计算，他自学了多跨连续梁与板架等复杂构件的设计计算方法以后，对构件的受力情况及内在联系有了更清晰的认识，他利用这些知识进行构件与板架的计算设计，正如他自己所说的："学了这两门知识，好像长了火眼金睛"，能够把复杂的板格、框架等复杂构件的内部受力情况分析清楚，大大提高了船体结构的设计水平。在此期间为了更好地学习苏联先进科技知识，他还自学俄文，为发展我国舰船设计服务。

20世纪50年代末，中国海军装备已从仿制走上自行设计阶段。为适应海防需要，1958年，领导机关将高速炮艇的设计制造权限下放各舰队，根据本地区的条件和特点自行设计建造炮艇。这些炮艇在性能上各有所侧重，除主机外，艇上各种设备、备品、备件各不相同，不能统一订货，也不能安排批量生产。海军舰船修造部在总结经验的基础上，综合各舰队、基地自行设计制造的经验，1959年9月，提出研发设计新型高速炮艇。首艇建成后，因超重、航速未达到设计要求，同时图纸的深度和广度亦不能满足艇的批量生产要求，1961年，海军委托七〇八所进行小型高速护卫艇的改进设计。

护卫艇以小口径舰炮或导弹为主要武器，是用于近岸海区巡逻、护航、护渔的小型水面战斗艇，亦称炮艇或巡逻艇。排水量数十吨至500吨，航速10~45节，水翼巡逻艇可达50节。装备有37~76毫米单管或双管舰炮1~2座，机枪数挺，舰舰导弹2~4枚以及深水炸弹等武器。

1962年1月，由已升任副总设计师的许学彦带队到北京接受任务，确定在首艘的基础上做好改进设计；施工图纸要能供工厂小批生产开工用；全部图纸在1962年8月完工，保证工厂第四季度开工。许学彦一行在北京接受任务后即去大连造船厂调查了解情况，之后又带队去舰队了解使用情况，听取指战员对该艇的意见，为开展设计工作做了大量的准备工作。

许学彦带领设计组在充分理解战术技术任务书要求的基础上，认识到护卫艇是海上的一支突击力量，以目标小、操纵灵活、速度快、火力强来制胜敌人；要提高航速就是要在减轻艇重或减小艇的阻力，在提高螺旋桨的效率上下功夫。

护卫艇

如何使产品满足实战要求,他们根据艇的阻力试验数据,得出若桨叶效率不变,则艇重每相差 10 吨,航速即相差 1 节。按新设计的要求只有减轻艇重,才能达到提高航速的目的。许学彦在研究设计中充分发扬技术民主,发挥科技人员的聪明才智,大家想办法,提合理化建议,在很短的时间内就提出减轻重量的具体措施 46 项,经充分论证与计算,逐项落实,使该艇的航速达到了设计要求。

对减重的意见和建议许学彦特别重视,有的还亲自参与计算,如将甲板纵桁 4 根改为 2 根加支柱的建议,是由结构专业的陈孔时提出的,他在分析本艇结构特点的情况下,认为艇比较小,总纵强度只要 2 根加支柱就可以满足要求,他的想法得到了许学彦等人的大力支持。又请上海交通大学专家进行审查,认为采用 2 根纵桁加支柱的方案为好,既减轻了重量,也保证了艇的强度,对降低艇的重心,提高船的稳性也有好处。

为了减轻艇的重量,许学彦日思夜想,由于他有民船设计的经验,想到民船上大量使用比重较轻的泡沫塑料作为绝缘材料,提出用泡沫塑料代替原艇使用的压缩软木,但碰到的问题是战斗舰艇对材料的防火性能要求比较高,而泡沫塑料燃点低,着火后易漫延等技术难题。当时舾装专业联系人多次到有关工厂联系,得到厂方的大力支持,并答应作好技术攻关,解决易燃问题,最后取得成功。用泡沫塑料代替压缩软木,艇重减轻 3 吨。

此外,总体、船体、轮机、舾装、电气、武备专业的技术人员在设计过程中,在满足要求的条件下,进一步将实艇的油、水、弹药和供应品的储备量减轻了 9 吨;船体板厚,选用最小厚度;轮机管系设计、电气电缆布置均简化;设计中大量使用铝材等。另外,为了减少艇的附体阻力,许学彦和蔡体芬进行改进设计。如舭龙骨设计严格按水池试验结果,按水线走向进行改进;4 个轴托架均设计为单臂,既减小了阻力,也减轻了重量。轴支架臂伸入船体内,在穿过外板的开口处改用嵌焊厚板,而不用复板。舵杆在外板处的开口同样不用复板,以求艇体外板光顺,减少阻力等有效措施。

在螺旋桨的设计方法上,若按军船传统的苏联资料设计,螺旋桨的设计点放在新船刚刚下水,船体光滑无海生物,主机发出最高转速与最大功率点上,这时为试航状态,航速可达最高,易于交船。

但许学彦不按传统的试航状态作螺旋桨的设计点,而是按交船一定时间后阻力增加的状况作设计点,这是许学彦突破传统,按实际状况设计、敢于创新的斐然体现。

在设计过程中为了确保不超重，还采取了一系列措施，例如加深图纸深度，把副基座、各种装置设备的基座，管系支架、电缆夹、绝缘材料、胶水等进行详细的重量计算，基本上做到所有基座、支架等都有图纸，同时还编制了全船称重册，强调建造中的称重制度。许学彦以严谨的科学态度和认真负责的精神，严格把好每个技术环节，设计组仅用3个月时间，就完成了技术设计阶段的全部工作，顺利转入施工设计。

该艇中的产品说明书、布置总图、纵剖面图、侧视图、侧影图、上层建筑及俯视图、底舱及液体舱平面图、横剖面图（型值表）、纵剖面图、水线面图，首制艇航速和螺旋桨计算书、费尔索夫曲线计算书等，均由许学彦予以把关审定。

参加高速炮艇设计工作使许学彦接触到许多苏联舰船设计指导性文件与专业标准，如排水量计算的标准、阻力计算图谱、车叶计算、总纵强度局部强度与振动计算等，此外还有苏联扫雷艇专家当顾问，使他对在军船设计的理论知识和实际经验方面得到了很多提高。20世纪60年代他还学习了苏联诺基特教授所著《船舶设计原理》，对舰船总体性能理论进行了一次较为全面的再学习。在此期间，他还利用业余时间进修德文。

学习使他的知识面更加宽厚，为他承担更加复杂、更重要、更先进的舰船设计打下了坚实的理论基础。

该型艇在"八六"和"崇武"海战中荣立战功。1965年8月5日15时15分，汕头水警区接到通知，距水警区60～70海里处发现了国民党从美国买回的"剑门"号驱逐舰和"章江"号，我方海上指挥员率当时在汕头的4艘高速炮艇和几艘鱼雷艇协同作战，5日21时10分，批准战斗方案，21时24分，各炮艇准备就绪，23时抵达南澳岛。

6日凌晨1时24分，担任指挥艇的海上先锋艇雷达发现敌舰目标，敌舰先向我方开炮，指挥员下达命令，4艘炮艇对敌舰前后发起6次攻击，敌舰"章江"号前后甲板一片火海，接着发出两声巨响，弹药库中弹爆炸。

岸上指挥所接到报告后，立即给海上指挥员发电，命令炮艇继续追击国民党的另一艘驱逐舰"剑门"号，当他们航行到距敌约5链时，敌舰的炮位和烟囱已看得非常清楚，艇队指挥员仅用一艘炮艇的猛烈炮火就把敌甲板火力打哑，6～7分钟"剑门"号起火。后炮艇撤离，快艇冲上来，5艘快艇齐射鱼雷，命中3发，"剑门"号被击沉，取得了"八六"海战击沉两艘敌舰的重大胜利。实战检验该高速炮艇，设计合理，性能、建造质量高。

1965年11月又爆发了"崇武"海战。它是继"八六"海战后我炮艇在东海平潭海域与快艇又一次协同作战，我方派出高速炮艇4艘，快艇6艘。

1965年11月13日13时20分，敌护卫舰"永昌"号和大型猎潜舰"永泰"号来福建沿海骚扰，我6艘高速炮艇编队从平潭基地出发，23时14分发现敌舰。我艇队先从"永昌"号和"永泰"号中间插过去，集中攻打"永昌"号，仅用五六分钟就把甲板上的火力全部打毁。接着鱼雷艇快速击敌，"永昌"号尾部被鱼雷击中开始下沉，这时对"永昌"号进行第二次射击，"永昌"号沉没。

在"永昌"号下沉的同时，我炮艇即开始向北追击"永泰"号舰，使"永泰"号甲板上面遭到损伤，取得了击沉、击伤敌舰各一艘的战绩。

"八六"和"崇武"海战均采用近战、夜战，以少胜多，以小胜大，集中优势兵力各个歼灭敌人的战术。两次海战均由炮艇开路，摧毁敌舰甲板火力后由鱼雷快艇冲向敌舰发射鱼雷将敌舰击沉。实战证明，在我海军技术装备处于劣势，采用目标小、速度快、火力强的小艇打大舰是一种有效的方法，同时也说明我们炮艇的设计是合理的，建造的质量是高的。

"八六"海战后，《人民日报》和《解放军报》都发表了社论，中央军委也发布了嘉奖令，毛泽东主席、刘少奇主席、周恩来总理都接见了参战部队的代表，给予他们极大的荣誉和鼓励。

许学彦作为技术主管设计的炮艇被授予了"海上先锋艇"、"海上英雄艇"和"海上猛虎艇"等光荣称号，两次海战的胜利为海军的战斗历史谱写了光辉一页。1963年7月，国务院批准该艇设计生产定型，并命名为"62型护卫艇"，这是我国海军舰船史上第一次为舰艇正规定型。先后共建造200多艘，成为我国60年代以来海防战线上主力之一，1964年，荣获国家新产品研制一等奖。

我国海军装备从50吨级到75吨级高速炮艇的研究设计，许学彦及广大科技人员、工人为此付出了辛勤的劳动。研究设计中他们从国情出发，根据部队需要与当时国家经济实力及建造能力，坚持独立自主、自力更生，把这些产品研究设计出来。这些艇吨位虽小，但在不同的历史阶段均发挥了重要作用。特别是高速护卫艇是海军建造数量最多、我国出口援外最多的艇，也是材料设备国产化最早最全的艇，是海军近海防御作战中取得重大战果的艇，也是当时最受海军指战员欢迎自行设计最成功的艇。通过炮艇的设计与建造一批研究设计建造高速炮艇的人才得到培养，也为以后设计建造中大型水面舰艇积累了经验。

1960年，海军提出了研究设计建造氦氧救生船，许学彦被任命为该船技术主管，负责对该船的布置总图和线型图审定及机舱布置图的审定工作。同时，对本船说明书中的主要性能、船体部分、装置设备、船舶系统、机械部分进行审定。

氦氧救生船是利用氦、氧混合气体进行深潜作业，对失事潜艇（舰艇）进行救援的工作船。新中国成立后，随着国民经济的恢复和发展，海军装备也随着我国舰船工业的发展有了一定的提高。到20世纪50年代末60年代初，我国沿海防御的小型水面作战舰艇和潜艇、登陆舰艇、扫雷舰艇等均有了相当的发展，然而具有特殊性能、技术含量比较高的某些具有特殊保障性能的军用辅助舰船还是空白。特别是在1959年12月1日，某潜艇在舟山海域训练失事，由于缺乏有效的救生手段，使艇员遇难。此事件发生后，引起国家及海军各级领导对潜艇救援工作的高度重视。氦氧救生船主要任务是能援救在水深200米以内的失事潜艇，并能与其取得联系，向失事潜艇输、排气，输送食物和零件等；能单独或在其他舰艇导航下搜索失事潜艇，并能与其取得联系；协助其他船只打捞沉没潜艇或其他舰艇出水，此外还能对水面失事舰艇进行灭火、堵漏或供电。该船是一艘机械设备极为复杂、保障潜艇部队训练、作战安全的辅助舰船，它要求具有完成特殊使命的抛锚定位、潜水、医学、氦气、氧气供应等系统，特别是极为复杂的水下救生系统。当时西方发达国家已有这类装备，但对我国进行封锁保密。自行研究设计面临既无资料又无母船可参考的困境。许学彦和科技人员深入使用部队进行调查研究，广泛听取干部战士的意见，在充分论证、计算和试验的基础上，提出了该船的主尺度、线型、主机、援潜救生等主要设备方案。他们把加强海军建设为己任，以高度的责任感和使命感加班加点，努力拼搏，完成该船的设计。

沪东造船厂1965年12月开工建造，1968年8月开始航行试验。经过工厂、研究所的共同努力，该舰于1970年2月交付部队使用，担负着保障潜艇的试验、试航等繁重的海上救援任务。因该船吨位大，适航性较好，受到部队的欢迎。许学彦说："在当时极端困难的条件下，攻克许多技术难关，成功地设计建造了我国第一艘氦氧救生船。它的诞生填补了我国海军在氦氧救生船方面的空白，广大科技人员为此做出了贡献。"

3

自行设计万吨货轮"东风"号

- 自力更生　自主设计
- 群策群力　攻克难关
- 骄人的成果

自力更生　自主设计

1958年许学彦随大连造船厂去苏联学习考察了造船厂和舰船研究设计机构，接触同行专家，收集了不少资料，使他在船舶设计理论上有了进一步的提高。回国以后，他第一次承担国家重点产品万吨级远洋货轮的设计任务。

远洋运输船舶是重要的海上运输工具，许多国家都拥有强大的远洋运输船队。新中国成立后，对外贸易有了很大的增长，但远洋船队远远不能满足发展需要。据1956年统计，国内远洋运输船队的运输能力仅能承担海外贸易货运量的4%，其余均靠租用外国船解决，"一五"期间的租船费用高达5亿元人民币，建立强大的中国远洋船队已成为迫切的政治和经济任务。在20世纪50年代，苏联设计建造的万吨级民用货船，吃水深、采用汽轮机为主机，不符合我国航运要求，而且全部材料、设备均需进口。因此，必须自行设计建造中国自己的远洋货船。

世界造船行业中以能否设计建造万吨级轮船作为衡量一个国家船舶工业水平的标志。那时，对中国要造万吨远洋货轮，外国

1958年，苏联考察"跃进"号万吨轮时许学彦（前排右一）与设计人员在一起

人都用鄙视的眼光看待中国说："你们中国底子薄，造万吨级远洋船，至少是第三个五年计划的事"。中国人不信这个邪，我国著名船舶科研设计专家辛一心先生，新中国建立之初就曾筹划设计远洋货轮。用自己的双手，自力更生，设计建造出万吨级大船，是广大船舶科研设计人员和造船工人的夙愿。许学彦更是急不可待，暗下决心，一定要争这口气，不设计出万吨级船舶决不罢休。

1957年7月，一机部和交通部联合决定：为适应我国远洋航运的发展和节省外汇，决定在第二个五年计划内建造一批万吨级远洋船，船舶工业局第二产品设计室开展预研，收集世界上同类型船的资料。上海造船学会也发动会员，为中国自行设计万吨级远洋货轮撰写文章和收集具有参考价值的资料。1958年，许学彦从苏联考察回国后，与彭惠平一起被任命为万吨级远洋货轮设计主办。

1958年7月，交通部远洋运输局审查批准了修改后的万吨远洋货轮设计任务书。7月24日，交通部远洋运输局与一机部九局二室签订了委托设计合同。彭惠平和许学彦带领全体参加设计人员，参考了预研资料，把初步和技术设计两个阶段合并进行。在当时"大跃进"的政治形势及"超英赶美"精神鼓舞下，设计周期一再缩短，3个月完成了设计工作。同年10月24—27日，一机部九局和交通部远洋局在上海联合召开技术设计审查会，有设计、制造、使用、检验、教学和造船学会等部门派员参加，会议确定自行设计制造8820马力重型柴油机，发电机组采用废气涡轮增压6250柴油机组，肯定了废气锅炉/透平发电机组，同意采用交流电制，船体采用高强度低碳合金钢材，为保证17节航速要求进一步研试线型，并对有关问题进行了研究安排和落实。与会者一致认为设计基本满足万吨级远洋货轮的要求，快速性、装载量、钢材消耗、全船燃油消耗量4大指标都赶超英国水平。

極目遠眺 浪推沙
——船舶設計專家許學彥的故事

群策群力　攻克难关

1958年一机部、交通部联合批复指出，万吨级远洋干货轮作为发展我国远洋及海外贸易的重大产品，列入作为向国庆10周年献礼项目之一。参加设计的人员在"大跃进"精神鼓舞下，经常每天加班加点到晚上十一二点，第二天照常上班，有的女同志把小孩从幼儿园接到办公室就睡在绘图台上，自己照样加班工作。当时二室的党委书记武彦荣也和广大技术人员一起加班，经常到办公室来看望大家，晚上把点心送到在办公室加班的技术人员手中，反复催促大家回家休息，领导的关心使大家都很感动。全体设计人员不怕苦，不怕累，克服了各种困难，仅用100天的时间就基本完成了施工设计，并于1959年1月组成由彭惠平和许学彦带队的50余人的下厂设计组，进驻江南造船厂进行"三结合"补充图纸绘制。工厂于1959年1月开始放样，同时对重大关键技术项目和配套设备组织立题研制，有的由船厂自行研制。1960年初"东风"轮上船台，4月15日"东风"轮下水。船台周期仅45天。设计周期之短、建造之快，创国际万吨轮设计建造之先例。

"东风"轮是中国自行设计、建造的第一艘万吨级远洋货轮，不仅尺度属国内当时最大，而且采用很多新材料、新设备、新技术、新工艺。其中有726项、4650多台（件）材料设备由全国16个省市、18个工业部门、290多家工厂企业协作研制，试制费用高达2000多万元。

万吨级远洋货轮是一座巨大的海上城市，它的设计建造是一个国家技术水平、工业水平的综合表现。完成这样大的工程靠的是在党中央领导下，全国不同行业、不同企业、厂所、院校、中央机关各部门通力协作。"东风"轮是我国自行设计、建造的第一艘万吨级远洋货轮，是一项开拓性的创新工程，它的成功设计建造结束了我国不能设计建造万吨级远洋货轮的历史。

参加该项工程的专业技术人员当时仅第二产品设计室就有60多人。许学彦任总体、结构、舾装主办,参加了初步设计、技术设计和施工设计及下厂设计。

许学彦说:"能不能设计出万吨级远洋货轮,从当时的情况来看,条件确实比较困难。我们没有设计过万吨轮的专家,没有一支有经验的设计队伍,参加设计工作的大都是刚从学校毕业不久,缺乏设计经验的年轻人,他们平均年龄不到25岁,也没有一套完整的可供参考的图纸,有的只是一些外国杂志上的零星资料。"许学彦及设计团队克服困难,攻克解决了7大技术难题。

一是优化线型,减小船的阻力,确保航速达到设计要求。因为在主机功率不变的情况下,船的阻力决定船的航速,而船的阻力与船体水下部分的形状(专业上称为线型)密切相关。因此,首先要对线型进行优化设计。为此委托船舶科学研究所对万吨轮线型作了线型优化研究,并对多条船模作了水池拖曳阻力试验。许学彦作为主办广泛听取意见,结合"东风"轮的特点,在短期内采用比较瘦削的流线型设计出了适合"东风"轮任务书要

"东风"号万吨级远洋货轮

自行设计万吨货轮"东风"号

求的航速与载重量的主尺度和线型，船模试验证明其阻力小于国外同类船型，获得成功。

二是优化螺旋桨设计，提高推进效率。许学彦主持在主机功率不变的情况下，螺旋桨设计采用了环流理论设计方法，提高了推进效率增加了推力，达到设计要求。

三是降低舵的阻力。舵的作用是保持船舶直行或转弯，同时也产生阻力。设计者为了提高舵效，减小阻力，研究了多种类型的舵，优化机、桨、舵的配合。这是一个比较大的技术难题，许学彦协调总体、舾装、轮机3个专业，研究设计了4种形式的舵，经过试验，选用了流线型平衡反应舵，降低了阻力取得了比较好的效果。

四是优化轴系设计，提高主机功率利用率。主机通过轴系与螺旋桨相连接。主机与螺旋桨之间有一段距离，轴通常由几段组成，中间设有联轴节（支点）。作为一个系统，存在强度、振动和传送效率问题。特别是大胆采用滚柱轴承和液压套筒联轴节。在彭惠平、许学彦及苏联专家的指导下，解决了液压套筒联轴节的计算方法、轴系振动计算、滚柱轴承的选用和轴承座等问题。液压套筒联轴节的计算通过轮机技术人员的努力和有关钢厂的配合研究，最后定下简易振动计算方法，大大提高了机械传动效率。这种轴系型式我国从来没有设计过，没有计算资料可参考，对于摩擦系数应选用多少没有把握。为了确保成功，他们首先进行了100毫米的模型试验，取得了数据，之后又进行了与实物尺寸相同的试验，并与工人一起研究解决了工艺制造安装问题。

五是降低船体自身的重量是提高航速及增加载重量的有效办法。载重量＝排水量－空船重量，减轻船体重量最有效的办法就是采用高强度低碳合金钢。当时采用高强度低碳合金钢在国内是首次，从英国劳氏、苏联等世界著名船级社的造船规范中只能查到普通钢标准。对普通钢改为高强度低碳合金钢，如何换算就成了一个技术难点。许学彦1958年在苏联考察时，列宁格勒设计局一位苏联专家送给他一本关于高强度低碳合金钢如何应用在船上的书，此书中有两种钢材屈服点的比例直接乘上规范中普通钢尺度的换算方法，以此方法作为采用合金钢船板减薄很多，空船重量亦随之有较多的减轻，提高了整个船体的性能。但是许学彦认为除船的强度外，还要考虑船板的腐蚀裕度和船体的刚性，不能完全按屈服点比例减薄，他凭着扎实的船体结构力学和船体强度理论知识，结合自己多年从事船舶设计的经验，强度、刚度、腐蚀三者兼顾，按照船舶设计"谁主管谁负责"的原则，决定船板厚度采用"乘以换算系数，再增加厚度"的方法，实践证明这一方法是相对正确的，提高了船的刚性和船体抗腐蚀能力，而且还减轻了船体的重量。

许学彦平时少言少语，但他是一位善于思考、勇于承担、敢于负责的人，既尊重书本，也不拘泥于书本。他是一个尊重科学、善于从实际出发、具体问题具体分析，勇于创新的人。由于"东风"轮全船使用了高强度低碳合金钢，大大降低了船的自重，全船的重量减轻了约500吨，约占船体重量的20%。由于船体重量减轻，使船舶性能如装载量指标、快速性指标、钢料消耗指标等得到了很大提高。

六是采用按最小干舷船设计。所谓干舷就是吃水至干舷甲板的距离，当型深不变时，干舷减小就是吃水增大。而吃水增大船的排水量也随之增大，载重量也变大。一般以设计两种吃水为最合适，即装舱容大的货时用正常满载吃水，装舱容小的重货时用超载最小干舷吃水，二者的差别是结构要按照超载吃水计算，重量略增，但多载货的数量却较大，收益甚多。如"东风"轮按最小干舷吃水结构设计重量增加约70吨，而载货量增加约2000吨，取得了每增加1吨钢材就能多载28.5吨的货物。可见按最小干舷设计增加1吨钢料而增加的载货量是原每吨钢料载货量的7.35倍。在整个设计过程中，许学彦每每夜不成寐，反复思考，做了大量的理论计算和方案比较。最小干舷设计的采用，使东风轮的整体性能载货量有了较大的提高。

七是将原来货舱数量减少一个，使舱容分配较均匀，并省掉了4套起货设备与一个人字桅，使原业主只要求1个15米长的舱口增至3个。对于机舱布置，为了增加载货量机舱尽量压缩，许学彦反复与轮机专业技术人员协商，多方案论证比较，求得最佳方案。

"东风"轮主机采用国产重型低速增压柴油机，并采用重量轻占地少的新式增压柴油机为发电机组。采用了新型废气强制循环水管锅炉组，充分利用主机废气废热产生蒸汽驱动蒸汽透平发电机，利用主机冷却水的热量来加热燃料油，提高废气废热的利用率，节省燃油，降低费用效果明显。此外为了争取达到国际先进水平，许学彦带领在设计中还采用了许多新技术、新设备、新工艺，都取得了比较好的效果。

骄人的成果

1965年9—10月,"东风"轮进行了码头系泊试验,11月6—15日,"东风"轮在长江口区进行了轻载试航。技术鉴定工作组、各专业组,以及主机技术工作组的大部分成员均随船参加试航,并根据国家鉴定试验大纲所规定的内容,开展了各项技术鉴定工作,对轻载试验中发现的问题进行了全面的整改,并对重载试验进行了全面的准备。1965年12月14日,"东风"轮离开上海港在长江口调整试验导航仪器,15日离长江口北上,16日到达青岛,

上海市委第一书记陈丕显在出席"东风"轮下水典礼后,与江南工人在一起

在青岛装货 9806 吨，燃油 684 吨，淡水 1184 吨，吃水 8.46 米，排水量 17082 吨，符合重载试航要求后，于 20 日早 8 时离开青岛港出海进行各种试验，28 日各项试验完满结束，到达上海卸货。试航中曾两次遇到九级强风，但仍全部完成了国家鉴定试验大纲所规定试验项目和轻载试航遗留补充试验项目，并得到满意的结果。船的航速达 17.3 节，超过设计要求；在装货前后及海浪中航行，测得的船体应力均较设计应力为小，表明船体强度足够；船的稳性和适航性均良好；船体振动现象与设计情况相符，较轻载航行时更为减少；主机辅机及各项辅助机械在整个试航过程中，运转正常。

1978 年许学彦获得全国科学大会奖状

　　技术鉴定工作组认为：根据重载试航的各项试验结果，并结合安装、系泊试验和轻载试航的情况，我国第一艘万吨级远洋货轮的制造是成功的，主要性能及质量是好的，可以交付使用。1965 年 12 月 31 日，"东风"轮正式交船。

　　"东风"轮交船以后，在国内开始航行试运营两年。1966 年 3 月首航上海至大连。1966 年，在上海—大连、大连—上海、上海—秦皇岛等航线上满载往返，共计航行 3 万余海里，运载 30 余万吨货物和两万余人。在此期间，设计室作了较长期的性能及使用效果观测、各种专题科研试验。在运营中，主机正常，机电设备基本良好，吊卸设备无重大问题，重载时航速 17.3 节。同时，接待了多次、多批的国内参观，特别是 1966 年 5 月 6 日，周恩来总理、邓小平总书记陪同外国政府首脑登轮参观，在国内外引起强烈反响，使广大科技人员和造船工人受到鼓舞。1967 年 2 月 20 日"东风"轮获

自行设计万吨货轮"东风"号　43

得国家验收证书。经报周恩来总理批准后，于1968年起行驶中国—日本航线，1970年开辟中国—加拿大温哥华航线。到1975年，经过10年营运实践，证明该船性能良好，为完成国家外贸任务和增进各国友好往来做出了贡献。

"东风"轮按照我国船检局的最高级ZC1级进行设计，能载运一般包装货物、散装货物、部分植物油及冷藏货物、大型机械设备，能航行于世界各大洋，中途不补充油水可连续航行12000海里，与世界同类型货船相比，是比较先进的。"东风"轮研制成功，标志着中国造船工业跨上新台阶，开创了我国自行设计建造万吨级船舶的先河，填补了我国设计制造万吨级远洋货轮的空白，为我国大批建造万吨级自用和出口船舶奠定了坚实的基础。这和彭惠平、许学彦等广大专业技术工作者辛勤劳动是分不开的。

1978年"东风"轮荣获全国科学大会奖。2005—2006年，由国防科工委、交通部、中国船舶工业行业协会、中国造船工程学会、中国船东协会等14个单位共同组织推荐新中国成立以来我国自行设计、建造并在我国社会、政治、经济、军事、科技、文化以及航海事业、海洋开发、船舶工业发展等方面产生过重大影响和作用的船舶。在推荐的100多艘舰船中，最终评选出中国十大名船，"东风"轮排名第一。

4

远望苍穹

- 接受特殊使命
- 面对难题不畏艰
- 重重难关逐一攻破
- 紧急接任　两型合一
- 远望苍穹　丈量海天
- "远望"号与世界同型船比较
- 经验体会

极目远眺浪推沙
——船舶设计专家许学彦的故事

我国第一枚远程运载火箭发射成功的捷报通过电波中传来，整个世界都知道中国第一枚远程运载火箭试验成功，守候在电视和收音机旁的参加航天测量船研制和建造的广大科研人员、工人欢欣鼓舞，奔走相告。作为"远望"号测量船的总设计师，七〇八所副总工程师许学彦心情格外激动、兴奋不已，回顾过去10多年的研制历程，他百感交集，自己没有辜负党和国家对自己的培养和信任，对得起充满甜酸苦辣的日日月月。成功来自于辛勤的耕耘，成功来自于奋力拼搏，成功来自于设计团队的勇于攀登和创新。

接受特殊使命

战略武器及航天技术的发展，离不开测控通信网的支持。20世纪中叶，卫星、洲际导弹、航天飞行器及微电子技术有了新突破，各国航天技术的发展仅仅限于本国领土范围内已经不能完全满足空间飞行器全程飞行试验的要求。于是试验距离不得不从陆地延伸到了海上，选择海上试验靶场。苏联早在1956年、美国1957年开始，先后用旧船改装成单一任务的测量船，乃至后来开始研制全新的综合测量船。美国建立了太平洋靶场舰队和大西洋靶场舰队，苏联建立了归属符拉迪沃斯托克（海参崴）的太平洋靶场舰队，把测控通信网从陆地延伸到海上，扩大了战略武器和航天技术的试验范围。

航天测量船是航天测控网的海上机动测量站，可根据航天器及运载火箭的飞行轨道和测控要求配置在海域的适宜位置上，其任务是在航天器飞行控制中心的指挥下，跟踪测量航天器飞行轨迹，接收遥控信息，发送指令等

"远望"1号航天测量船

等。航天通信以及营救返回溅落在海上的宇航员。船上载有众多为了跟踪测量火箭、卫星和航天飞行器的高新测量通信设备，被人称为"海上科学城"。

航天测量船的主要任务是跟踪和遥测各种中、远程导弹、卫星和飞船，精确测定其落点，回收弹头落体、卫星仪器数据舱和飞船座舱等。航天测量船的活动范围大，工作时间长，所以吨位比较大。目前世界上在用的航天测量船的排水量大多是1万～5万吨级，续航力为16000～20000海里，自给力高达90天以上。航天测量船的显著特点是装载庞大的航天测量系统，对空搜索和遥测遥感雷达天线林立，是航天测量船最明显的外部标志。导航、通讯、控制指挥等系统都集中了各专业的前沿技术，核心的遥感测量系统、信息处理分析系统更是应用了尖端技术。

太平洋从海上把中国和世界隔开了，也从海上把中国和世界连在了一起。历史注定要让勤劳智慧的中华儿女为着一个民族划时代的梦想航行在这片瀚海惊涛上。可迈出这急迫的脚步是何等的艰难！20世纪60年代的中国，还是一个被超级大国强权限制的国家。跨越赤道奔向远离大陆8000千米以外的南太平洋，进行科学试验谈何容易！

1964年10月16日，我国第一颗原子弹成功爆炸，举世震惊。两年零

远望苍穹 47

八个月，又成功爆炸了氢弹。中国人手里从此有了反制核讹诈、核威慑的力量。但是，就好像光有子弹没枪一样，不具备把原子弹、氢弹投送到万里之外的能力，就不能形成真正的战略反制力量。发展远程运载火箭的任务迫在眉睫！

1965年8月，在周恩来总理主持召开的中央专委会议上，钱学森等专家提出了发展运载火箭的初步设想。然而，要把弹头投送到万里之外，到哪里去寻找靶场呢？以酒泉发射场为圆心，以1万千米为半径画一个圆，锁定了一个理想的落点：南太平洋！一个支撑着民族复兴梦想的伟大战略构想在新中国最高决策层的头脑中酝酿。根据专委会要求，国防科委组织有关部门研究提出规划。经过国防科委、海军组织有关科技人员反复论证，国防科委向中央呈报工程建设方案。经国务院、中央军委有关领导审查后、1967年7月18日，毛泽东主席、周恩来总理批准了这个计划，确定了建设远洋综合测量船队的实施方案——"七一八"工程。

这是一个树立国家形象和民族自信心的英明决策，是一个划时代的决策，承载着一个划时代的梦想。

1966年9月初，时任第六机械工业部第七研究院第七〇八研究所所长李志侠将由第七研究院院长于笑虹亲点的许学彦叫到他办公室说："有项绝密级重要任务交给你，具体做什么我也不是十分清楚，你到北京院里会对你讲，要保密，不许对任何人讲。"9月8日，许学彦奉命，带领七〇八所3名科技人员去北京第七研究院接受任务。院科技部邱见休部长亲自向他们布置任务。许学彦回忆说："在此之前我们什么也不知道，邱部长部署完我们才知道是'三船'论证。感到有一种光荣感、使命感，自己下定决心，一定不辜负党和组织上的信任，一定要把这项工作做好，为国争光。"

为了保密，他们工作地点在北京东郊通县的双桥镇，与外界隔绝。邱部长要求：可以给家里写信，但不能讲在干什么、做什么。当时生活条件很艰苦，被子铺盖都是从上海家中带去的。每天基本上是"三点一线"——吃饭、工作、睡觉。为争取早些完成任务，他们每天都搞得很晚，一个星期后返回上海。当时国防科委提出要求论证的"三船"是：破冰型南极考察船，使用者为国家海洋局；远程火箭跟踪测量船，使用者为国防科委第二十基地；卫星跟踪测量船，使用者为中国科学院。

1966年10月，许学彦第二次到北京参加论证。回到所里，他们向所领导汇报了任务完成情况。所领导和参加工作的同事们都觉得这是前所未有的创新船舶的研究设计，七〇八所应当主动请缨，由新中国船舶科研设计历史最久、科研力量最强的七〇八所来承担设计任务。于是，由李志侠所长带头与许学彦等12位最早参加"三船"论证的同志签名，上书给周恩来总理请战，要求承担"三船"研究设计任务。此信被批转给六机部，六机部将研究设计"运载火箭跟踪测量船"和"卫星跟踪测量船"任务交给七〇八所。许学彦再次受命单独去北京第七研究院接受方案论证工作。

许学彦看到三型船的战术技术任务书，发现导弹试验测量船、卫星试验测量船在续航力、航速、自持力等有许多相似之处，当时要求是在1969年建成，向新中国成立20周年献礼。任务重，时间紧，许学彦建议将二型船合成一型，理由是二型船主机相同、船体相同、只是测量设备有些差别，一套设计图纸，建造二艘船，不仅设计工作量可以大幅度减少，而且建造时省工省料，加快了进度，节约巨额资金。他还提议，不采取美国和苏联先旧船改装再造新船的方法，如果那样做周期长，不能满足我国运载火箭技术发展的需要，我国完全有能力跨越旧船改造这一步，自主设计建造新测量船。南极考察船要采用当时我国尚不能生产的低温钢，应另作计议。

1967年7月，上级采纳许学彦的建议，决定将导弹靶场测量船和卫星跟踪观测船合并为综合性的远洋测量船，担负火箭海上再入段的测量和卫星海上跟踪测量控制任务，合型为"七一八工程综合测量船"。实践证明，许学彦思路正确，同时他提出了一份科学、合理、可行的设计任务书。将测量与遥测两船合二为一，航程18000海里，航区除极区之外，抗风力52米/秒，两舱破损不沉，自持力100天，按此任务书设计建成的船，可航行到美洲的西海岸、巴拿马，能完全满足导弹试验和卫星测量的要求。

极目远眺浪推沙
——船舶设计专家许学彦的故事

面对难题不畏艰

　　研制航天测量船齐心协力攻坚克难，面临的困难是难以想象的。首先，船上需要装备高、精、尖的测控、通信、气象设备，相当于要把一个微型发射基地几十平方千米上布置的测控设备全部搬到一艘不到4000平方米的船上，不但要解决仪器间的电磁兼容问题，而且要解决陆上设备"旱鸭子"下水的问题，与"针尖上跳舞"一样，其设计难度是不言而喻的。其次，当时正是"文化大革命"时期，每到关键时刻"四人帮"及其追随者都会出难题，妄图干扰否定"七一八"工程。另外在"文化大革命"期间，我国行政秩序遭到严重破坏，生产管理十分混乱，负责抓此项目的领导机关和领导及工作人员经常变动，有时工作处于无人管的状态。第三，当时西方发达国家怕我国强大，对我国使用经济、技术封锁，与当时世界上资本主义国家商业往来很少，先进技术、设备不可能引进，用于国防上的高新技术、高新设备西方国家更不肯卖给我们。第四，没有经验。只有从美国期刊中拍下的几幅外观照片，文字资料更是寥寥无几，没有任何经验可借鉴。第五，当时的工作、生活环境比较艰苦，因为是郊区，周围是农田，办公室、宿舍是毛坯房，仅墙壁用石灰粉刷过，地面是水泥地，除了有几盏照明灯、几张办公桌椅外，其余一无所有。夏天炎热，一套房里只有一台台式电扇，各个屋轮流用。蚊虫叮咬厉害，白天办公室内也要点燃蚊香。冬天大家在水泥地板上冻得直跺脚，从部队来的北方同志，因没有暖气，许多人手生冻疮、鼻炎发作。特别是研究设备简陋计算数据靠计算尺和手摇计算器来完成，现在几分钟的事当时要干几十天。许学彦作为总师和大家吃住在一起，繁忙的工作之余，他还深入到各设计组，关心大家的工作和学习。在这种艰苦简陋的环境中，没有人计较，更没有人叫苦，相反，不论是部队，还是地方来的同志，大家团结一致,一心一意干事业,珍惜能参加如此重要的国家重点工程研究的机会,珍惜在"文化大革命"的混乱时期还有这么一个宝贵的地方可以安心工作,为国防建设做出贡献。

设计航天测量船,首先要了解它,为此许学彦带领科技人员广泛收集资料,并进行认真的分析。从资料中他们了解到,20世纪60年代,在距地球数百公里外的太空中运行着上千个人造航天器,这些航天器犹如人们放入太空中的"风筝",而控制这些航天器的"无形之手",就是航天测控。航天测控由各种各样的测控平台组成,直接对航天器包括运载火箭实施跟踪测量和控制,使航天器能够按照人们的要求运行和工作。

其次要认识它。许学彦说:海上测量船就是对航天器及运载火箭进行跟踪测量和控制的专用船,它是航天测控网的海上机动测量站,可以根据航天器及运载火箭的飞行轨道和测控要求配置在适当海域。其任务是:在航天控制中心的指挥下跟踪测量航天器的运行轨迹,接收遥测信息,发送遥控指令,与航天员通信以及营救返回溅落在海上的航天员。还可用来跟踪测量试验弹道导弹的飞行轨迹,接收弹头遥测信息,测量弹头海上落点坐标,打捞数据舱等。航天测量船可按需要建成设备完善、功能较全的综合测量船和设备较少、功能单一的遥测船。它们除具有船舶结构、控制、导航、动力等系统外,还装有相应的测控系统。综合测量船测控系统一般由无线电跟踪测量系统、光学跟踪测量系统、遥测系统、遥控系统、载入物理现象观测系统、声呐系统、数据处理系统、指挥控制中心、船位船姿测量系统、通信系统、电磁辐射报警系统等组成。由此可见,要建成远望号航天测量船必须集造船、机械、微电子、现代通信、计算机、光学等领域的先进技术于一体。

许学彦说:认识事物必须首先抓住其本质和特征,只有找到其特点和特殊性,才能找到解决的办法。从资料中他们认识到航天测量船是一种特殊船舶,它不同于远洋运输船。远洋运输船追求的是经济效益的最大化,时间计划性强。只要船舶安全,就不过多考虑风浪对船舶摇摆、振动的影响。而航天测量船的使命是完成海上测控任务,因此测控设备在出航前经过了严格调试,以确保设备都处于最佳技术状态,而大风浪中船舶摇摆、振动、变形都会引起测控设备误差的变大或引起接口插件的故障,因此除考虑船舶的安全外,还要特别考虑测控设备的安全,即船舶纵摇、横摇、升沉、振动。

航天测量船不同于游轮。游轮到达的都是重要港口,有国际推荐航线可供使用。航天测量船的测量海域远离国际推荐航线,没有现成路线可走,经常要对全新海域进行调查。面对全新的航线和全新的海域，确保船舶安全必须获取全部准确的温度、湿度、洋流、浪涌及电磁环境等数据。

航天测量船不同于极地海洋考察船。极地考察船虽然航行海区恶劣，但可以通过出航时机、航线的选择避开或一次性穿越恶劣海区。航天测量船测量海区是由飞船测控任务决定的，且大部分处于中纬度地区，在海区作业时间短则7天，长则半月以上，因此遭遇恶劣海况是必然的，由于远离国际航线，一旦遭遇恶劣天气，只能自己克服，几乎不会有任何外来救援。

航天测量船不同于一般的海上作业平台。海上作业平台位于沿海浅水区、航线近。航天测量船航程远，途经复杂、敏感海区多，航行难度大。由于航程远，一次出海执行任务的时间有时长达百天以上，对后勤补给和人员心理素质的要求也更高。

参加研究设计的科技人员来自各单位，刚开始时，参加研究的科技人员搞船的不了解洲际导弹试验的特点，搞导弹的一直在沙漠搞试验，对海上情况和船舶的特点不熟悉。许学彦组织科技人员互相学习，七〇八所为二十基地举办海洋船舶设计特点与船舶耐波性等讲座；二十基地为七〇八所举办洲际导弹试验特点及特种雷达的特性的讲座。大家互相学习，知识面得到扩展，对航天测量船有了较多的认识，为完成研制任务增强了信心，奠定了基础。

许学彦作为总设计师，不仅完善了方案论证和技术任务书，他又提出一整套科学、合理、可行的实现任务的技术途径。他按实船需要和国内造船厂船坞的大小确定了调查船的主尺度；为了保证船的稳性，满足测量船对刚性要求确保测量的精度，决定船体采用普通钢，纵横混合结构。测量船要防震减摇，在海上要保持稳定，他根据螺旋桨叶片越多振动越小的原理，提出采用5叶螺旋桨，这在国内尚属首次。装折叠式减摇鳍和减摇水舱；在船尾和船艏装定向自动舵；船艏装侧推装置；加装1000米长的深水锚并选择了主动力机型。船上有4000多平方米安装各种试验测量设备的空间，装有上千台电子、机械、电气设备，他制定了一个船用条件，包括电制三相三线、屏蔽接地、采用上下加侧固定，也制定了连接件、电插头、空调、冷却水、烟雾、门窗、环境保护标准。船用条件的制定，不仅规范了协作厂家的制造标准，满足本船的需要，也为后来陆上产品船上使用起到了指导作用。

在许学彦的指挥下，研发设计团队在很短的时间内，完成了测量船主要参数与总体性能最佳设计，包括测量船总布置方案、球鼻首与快速性的试验、舰船抗12级风稳性计算方法、测量船适航性估算与试验、测量船回转装置首侧推与主动舵联合转向装置、减摇装置防摇鳍、主动式减摇水舱和深水定位锚、打捞快艇和打捞数据舱、充放气球的安全性、测量船总振动计算方法、船体建造公差与校准平台精度、主动力装置和主发电机组和主机与电站控制系统的选型和论证、大型空调及大型冷库与臭氧防腐、测量船导航系统、通信系统、防电子设备互相干扰电磁兼容性等30多个专题的研究论证。这些问题是其他一般舰船所没有的。要完成"七一八"工程，首先必须解决这些问题。

许学彦说：攻克难关不仅需要有勇气和热情，更要有对事业的忠诚和科研实力。为了完成"七一八"这个国家重点工程，他和许多同志放弃休息，有时晚上干到深夜，一心一意扑在工作上。对测量船缺乏知识，他们就四处寻找点滴资料。对得到的资料，大家就认真学习研究。测量船对稳定和刚度有特殊要求，他们就分工钻研这方面的理论。为了选择适当的设备，他们跑遍了除西藏、新疆、青海、宁夏和台湾以外的全国各地。前后出差1000人次以上。那时正是"文化大革命"时期，出差生活条件差，加上社会秩序乱、治安差。许学彦和科技人员冒着危险出差，他曾在隆冬季节到松花江上调查雪橇，炎夏季节到酷热的南方选择可改装的船只，大家怀着一个共同心愿，为强我国威、军威，一定要把"七一八"工程中各型舰船搞出来。

许学彦说：忆往事，步履艰难，有时会给人以后怕。一方面，这种类型船，不仅国内没有搞过，当时世界上仅有美国、苏联和法国拥有，而且对我们严格保密。特别要把50多种天线（最大天线直径9米约80吨重）全部集中在长仅190米的船上，要求电子设备工作时不互相干扰，这些设备又要在经常刮起大风大浪的海洋中，在始终摇摆不停的船舶上保持精确的工作，而且它们最有价值的工作时间是以"毫秒"来计算。要求具有这种特殊工作特性的测量船，任何时刻，绝对不能出意外。而且要一次成功，谈何容易！另一方面，这种类型船一艘耗资要3亿多元人民币，两艘就约6亿多元，指的是1978年造价，如果造出的船不能完成"东风"5号洲际导弹试验任务，不仅在经济上受到严重损失，政治上的影响更无法估量。在"文化大革命"那个动乱年代，对于个人很难想象会受到何种遭遇。

根据中央专委关于该船的定位：保证我国洲际导弹、潜地导弹、反弹道导弹、尖端武器全程试验的观察、遥测和安全控制；负责保证我国载人飞船、人造卫星的跟踪、观测和海上回收；负责试验海区的安全保障，指挥通讯、联络、海洋水文气象调查和后勤供应、打捞救生。为解决航天测量船研究设计中碰到的难题，许学彦带领大家认真分析研究，逐一破解技术难题：为满足平行测量要求，许学彦在该船的总布置上将测量、控制、导航定位、通讯、气象设备，均布置在纵中剖面线上；为减少振动对电子设备的影响，该船采用汽轮机和汽轮发电机组。首尾采用大舷弧和大外漂线型，其目的是防止甲板上浪及大幅度升沉。

该船是中国自行研制的第一代综合性海上活动跟踪测量船，其装备与性能较先进，汇集了我国自然科学和技术科学多方面的新成就，代表了我国20世纪70年代造船、电子工业的技术水平。

该船稳性好，居住条件、生活设施是当时国内现有舰船中最高标准。

该船要有足够量的空调、冷藏设施。具有供数百人连续吃100多天的食品冷库。由于该船自带和自制淡水量很大，为了解决无菌饮用，采用了臭氧淡水处理装置，保证了舰员长期在海上生活的健康。

该船的通信系统是国内舰船中最复杂、最庞大、最繁多的。若想保证准确无误地完成测量任务，通信系统必须具备同时完成测量船与岸上发射中心、与岸上指挥中心、与遥测直升机、与打捞快艇、与编队的其他舰船的通讯和数控传输等勤务，船内部的各个测量设备、各个工作站位也要实现同步指挥调度、控制监视、数据传递。通信手段有远距离的大功率的短波通讯，甚长波通讯、超短波通讯、中继通讯及卫星通讯、标准钟。上述手段可以互相补偿，做到全天候、全地球的通讯。

该船是整个气象预报系统中的一个气象站。它能及时提供该船位置的高空气象参数。为实现该船的主要使命，不仅把陆地上的航天测量技术成功地运用到海上的舰船上，还把舰船与航海技术应用到航天测量技术中去。船上共装有54部天线，为保证各测量设备的安装精度，近百吨的大型雷达天线基座表面水平精度达到2~6角分，这在我国造船史上还是第一次。在各测量设备调试过程中，为保证各测量设备的光轴和电轴零位标准，船在进坞坐墩时，船底置平度达到3角分，这也是我国造船史上第一次。该船还采取了特殊的防电磁干扰屏蔽措施和特殊的安装工艺，解决了电磁兼容性问题，这也是国内造船首创。

重重难关逐一攻破

"远望"号测量船在研究设计建造过程中,碰到许多技术问题,许学彦和研发团队根据船的特点和技术要求,在有关单位配合下,在艰难摸索中总结经验、刻苦攻关、大胆创新。依靠集体智慧攻克了一个个技术难关,保证了测量船研究、设计、建造、试航的顺利进行。

关于测量船的总体方案

研究设计中碰到第一个问题:"远望"号究竟是什么样的船,要配什么设备。航天测量船执行任务时,在极短的时间内完成全部试验任务,如对远程火箭试验而言,它的飞行速度接近第一宇宙速度,从发射场发射到落点时间极短。

洲际弹道导弹发射后一般都分3个阶段:上升段、中间段和再入段。上升段在气层内飞行,在离开地面以后的十几秒钟内一直保持垂直飞行,速度慢;中间段导弹速度快,且位于外层空间,可以随意机动变轨;再入段,这时弹道导弹头回到大气层内,完全依靠重力加速度和初速飞行,此时弹头的目标已经固定,无法再修改了。

航天测量船在海上观察,从目标自地平线上出现到溅落海面的时间,不超过10分钟,而落点前的最有价值的测量时间也就几秒,在如此短的时间内,既要从发射场接收大量的数据和信息,又要从地平线捕获目标,设备之间互相引导,飞行段和再入段跟踪遥测,落点测量,然后进行打捞,数据处理,信息发回,如此庞大的工作量要在半小时内完成,在总体设计上风险很大,因此必须环环相扣,只要某一处稍有失误,就将导致整个试验失败,后果严重。许学彦带领科技人员根据各测量设备的同步工作因素、捕获飞行目标的工作视场、通讯天线的空间分集、各分系统电子设备的工作频段、信息强弱和传输电缆层次，拟订了测量设备间既有分工又有交叉备份的方案；导航定位，通讯气象与打捞亦都有交叉备份，一种手段失败，起用第二种手段，以确保测得准、联得上、捞得到。因此，测量船上测控系统配备了我国自行研制的单脉冲精密测量雷达、激光电影经纬仪及多载波双频段综合遥测设备等。它可以对导弹和低轨道的卫星实施测量；采用综合体制，可以单船执行任务；设备均有较强的捕获和跟踪能力；各测量设备之间均能互相引导；导航定位采用双机和多种手段进行校准，以提高惯性导航精度。这套测控系统，以较高的概率解决了测量船海上跟踪测量的捕获引导问题。

考虑到船上几百个工作舱室和电子设备相互匹配联系的特殊要求，以及动力、电站、冷藏空调、甲板机械与600多人在船上生活等因素，提出了平行测量总体布局方案。因其与设计初期采用的垂直测量总体方案比较各有利弊，先后召开了3次大型总体设计方案审查会，才确定了"远望"号的平行测量总体布局方案。

通过3次实弹试验表明，测量船总体布局方案是正确的，满足了技术任务书的要求。测量设备视野足够，捕获和引导时间充裕，便于实现数学、电子、光学3种手段互相引导；测量精度高，特别对落点测量有利；同时天线的高度相对垂直测量亦较低，对本船的抗风能力，亦提供有利条件。

关于测量船的稳定问题

这里需要与船的稳性加以区分。稳性指在一定外力的作用下船舶发生倾斜，当外力消除后船舶具有恢复原来平衡状态的能力，稳性是船舶产品应具有的安全性能。

船的稳性一般是指横摇稳性。船浮在水面上，无论是停泊状态还是运动状态，都会因为受到风浪的作用，以及船上重物的移动而产生横倾，船体自身必须具有恢复正浮状态的能力，否则船舶就会倾覆，通俗地讲就是翻船。由于船舶具有复原能力，船舶在风浪及自身复原力的作用下，就会产生横摇（左右摇摆）。船的复原能力的大小取决于船宽吃水比、线型及船体重心高度等参数。船舶设计者必须合理选择有关参数，并合理进行总布置，以满足稳性规范规定的稳性衡准要求。

测量船的稳性问题，是指船舶在水面上横摇、纵摇和垂荡小以及船的航向稳定性好等。

在"远望"号船上测量洲际火箭、地球人造卫星的轨迹，其原点是船，而船在海中又是不断地运动着的，时时在变。如果原点对大地的坐标不准，则即使是小数字，对数千里外的目标而言亦是失之毫厘，差之千里；另一方面，由于船舶在大洋中摇摆是经常的，固定在船上的测量设备亦随之摇摆，测量设备一摆动，观测到瞬时即逝的飞行目标便丢失。测量船的任务是把远程火箭或卫星的飞行轨迹与内部物理场的数据记录下来，目标一丢失，便完不成任务，因此要求船舶稳定，最好与陆地一样，岿然不动。

"远望"号船采用了高度精密的卫星导航、惯性导航、天文定位、船体升沉仪等联合系统，使船位精度满足了要求。

对该船的水平航向稳定问题，许学彦在总体设计时采用了艉部主动舵和艏部转向装置联合系统。主动舵是在舵叶上装有螺旋桨的一种舵，能大大提高舵效。艏部转向装置安装在艏部，能产生侧向推力。因此，该船不但航向稳定性好，操纵性亦优良。可在30分钟内自行离靠码头，而一般这么大吨位的船须租用拖船顶推，一次约需数千元、耗时1～2小时。

对于船的纵横摇摆，尤其是对测量设备（主要是巨大的天线）采用3级稳定措施。一级稳定为船舶自身的稳定。本船采用了大型单板舭龙骨与二对大型减摇鳍。1980年5月14日，在南太平洋南纬7°落点附近，当时涌浪很大，测量船队的其他船横摇很大，而"远望"号使用二对减摇鳍，横摇很小，给测量提供了极为良好的条件，稳定了测量设备的工作视场。二级稳定是设备跟踪复原系统。在船舶一级稳定的基础上采用稳定平台。船舶剩余摇摆角，通过稳定平台使测量设备感受到摇摆角度更小一个数量级，稳定于角分级。三级稳定是误差补偿系统。设备通过伺服系统，可由计算中心输来的信号自动控制设备的方位轴和俯仰轴，稳定于角秒级，从而实现捕获目标和连续跟踪测量的目的。

"远望"2号主测量船在南太平洋海域，执行第一次洲际导弹发射测量任务。一天涌浪像一座座会移动的灰蓝色的大山，向船铺天盖地地压来，碰到船舷，涌浪突然耸立起来，浪击船壳发出船欲断裂、令人心颤的猛烈撞击声，船体剧烈地摇晃着。由于装载直升机的船没有减摇装置，摇摆较大，飞机难以起飞，取消了本区演练。这时，"远望"2号船的减摇装置启动了，4平方米的鳍，在控制规律作用下，像鱼儿在风浪中游动时的鳍一样转动着，产生巨大外力抵抗着涌浪对船的推力，任凭涌浪再高，船奇迹般地被稳定下来了。这时涌浪击舷的海水被撕成蓝莹莹似水晶一样剔透的浪花，蔚为壮观。

我国第一颗洲际导弹试验时,"远望"2号主测量船处于一级战斗准备,每个人都全神贯注着自己负责的设备。由于船体摇摆大于4°时,低弹道时难以抓到目标。因此,要求减摇装置一定要保证船体稳定。14时28分,导弹飞过船时,从记录仪看到船体摇摆稳定在±1.9°以下。遥测跟踪目标正常,180雷达跟踪目标正常……惯导记录的100个波中,2°～2.1°的波仅有3个,其余均在1.9°以下,减摇装置给测量设备提供了稳定的基础,满足了遥测雷达的苛刻要求,完成了跟踪测量任务。火箭像流星一样,发出金色的光芒,溅落在预定海域。

我国首次水下发射运载火箭时,19号台风袭来,尽管舰队要避开台风,但仍有8级大风呼啸,风急浪高,据测,波高达5米以上,海浪像万马奔腾似的,又像起伏的群山,向我"远望"1号主测量船压来,使船产生剧烈的摇摆,船长下令启动防摇鳍,船马上被稳定下来破浪航行,船上仪器正常运转,人们正常工作。二十三基地政委,来到减摇装置舱室,笑眯眯地说:"这个装置真好,解决了人们因摇摆剧烈难以工作的问题。"

关于高精度的导航定位系统

导航定位是航海事业的重要技术。一望无际的浩瀚大洋里,舰船在地球坐标系中,是一个移动着的质点,为了保证本船的既定航向和在地球上的具体坐标,就必须时刻知道自己的精确位置,从而引导舰船向既定的方向前进。测量船相对于地球,地球又相对于太阳系。而被测量的高速飞行体,又是太阳系中一颗高速运动着的质点。因此测量船与地球的相对位置也必须实时地被测出,并输入中心计算机中贮存。

该船采用了当代航海学中最新技术。首先采用惯性导航设备两套,它利用陀螺理论和加速度计敏感原件,通过积分进行实时测量船在海洋中的横摇、纵摇、航向、水平基准以及其他运动参数,并通过计算机进行船位姿态的解算和显示。

其次该船采用了最新卫星导航设备1套。当时利用美国子午仪导航卫星即海军导航卫星系统。该系统由5个导航卫星、4个地面跟踪站和一个中心、两个注入站、一个时统中心组成,具备全球性、全天候、高精度的优点。

第三种采用天文经纬仪。天文经纬仪是一种用于建立天文点测定的仪器,根据需要可测定一等天文纬度、经度和方位角。它被安装在稳定平台上,白天观察太阳,晚上观察星星进行定位。

该船所采用的导航定位系统是国内舰船最先进、最齐全的。到目前还没有其他舰船能与它媲美，在国际上也是相当先进的。

关于振动与噪音问题

测量船有大量的精密电子与光学设备，要求船上提供振动小、噪音小的工作条件，否则将不能确保精度，甚至无法完成任务。因此该船采用汽轮机作动力，螺旋桨采用五叶，加以结构上的措施，达到了振动特小的要求，实测结果为国内舰艇振动最小者之一。

选用五叶螺旋桨。当时许学彦在查阅国外有关资料时，发现国外已经用五叶螺旋桨，它旋转时振动较小。而国内当时全都采用四叶螺旋桨，经过仔细比对有关数据，五叶螺旋桨会减少一些推进效率，但他想，对于减小振动作为重要目标的测量船来说，这点损耗是值得的，他毅然决然地大胆提出采用五叶螺旋桨的方案，参照国外的资料设计出图纸。由于当时在江南造船厂进行"三结合"设计，许学彦说服厂方技术负责人和车间工人，说明为何要采用五叶螺旋桨，优越性在何处，得到他们的积极配合，生产出第一只合格的五叶螺旋桨，装配到"向阳红"10号船和"远望"号船。实践证明，效果是好的，得到了部队的认同。后来国内采用五叶螺旋桨已经很普遍，但在当时需要有一种创新精神。

噪音主要来源于机舱，该船布置上将机炉舱置于船的中后部，将测量设备置于中部和中前部，使二者尽量远离，采用二道门隔离及结构上复以泡沫塑料等绝缘材料以使传出噪声大大降低。另外一个噪音来源为空调系统，空调噪声传至每个工作舱室与生活舱室，影响亦甚大，通过采取的措施满足了国际标准和使用要求。

关于电磁兼容性问题

电磁兼容性是指电子设备或电子系统受到电磁干扰时，仍能以一定的安全系数运行在设计水准上的能力。"远望号"主测量船电磁兼容性的实现，是现代科学与具体实践相结合，众多单位科技人员大力协作积极配合的结果。

舰艇装备的电气、电子设备在公共的电磁环境中，能共同履行各自设计功能的能力，简称EMC，是舰艇战术技术性能要素之一。它包含两方面的内容：第一，舰艇上的电气电子设备，具有一定的抗干扰能力，不因其电磁环境的影响而产生不可允许的性能降低；第二，该设备对其他设备不发射超过一定限额的电磁干扰量。现代舰艇装有大功率电力系统和各种雷达、通信、导航、电子对抗、火控和作战指挥自动化系统等电气、电子设备，在狭小的舰艇空间内这些设备布置十分紧凑,并在同一电磁环境下工作。随着发射机功率和接收机灵敏度的提高、多种信息传输的增多,以及信号频谱的局限性等原因,舰艇电磁环境越来越恶化,轻则引起设备性能减低或失效,削弱舰艇作战能力,重则可能造成设备损坏、危害人员健康、引起电引爆武器爆炸、挥发性易燃物品燃烧。为消除或减小电磁环境所造成的上述危害,保证各种设备能协调、有效地同时进行工作,须加强舰艇电磁兼容性的研究和采取适当的技术措施。

为提高舰艇电磁兼容性,设计人员合理选择无线电频段范围和分配工作频率,正确选择天线类型、安装位置等技术措施,实船使用证明其效能是国内最佳的。

在后来设计的其他舰船中,也运用了"远望"号电磁兼容设计的部分成果,用这些电磁兼容的原则工艺和施工方法,为其他军船的建造改进了电磁兼容环境。

关于特种设备的安装工艺

大量的特种精密设备上船安装,在国内造船史上是首次,设备自身要求水平高,彼此之间又要对中看齐,为了保证各种特殊设备的安装精度,科技人员与工人师傅精心设计安装,如该船主锅炉高达12米,长和宽各约7米,重达104吨,结构采用大量合金钢管,密集管束,吊装要求变形量≤1/500,按一般吊装方法无法完成,经反复研究,设计了一只重量轻、结构刚性大的座子,编制了严密的吊装和试验工艺,满足了水上安装,顺利地完成了主锅炉热态竣工试验,烘炉、煮炉、蒸汽吹洗等达到全负荷供汽使用。再如侧向推进装置,特殊且复杂,因此对钢结构的强度与刚度要求非常高,是国内首制的品种,穿通于船艏部位,环境狭小,施工困难,装配与全位置焊接更是困难,进出口与船艏线型相连又复杂多变。船厂采用分组装焊,无余量组装合拢,结果全达到技术要求。

解决试航中出现的关键问题,确保建造质量

汽轮机组减速齿轮箱,经过系泊磨合和第一次试航磨合后,在大齿轮艉端发现密集麻点,经制造厂用锉刀及砂皮进行修锉后,第二次试航磨合转速提高后发现在多个齿有毛刺感,制造厂准备再造一个齿轮箱,这样一来,周期要拖半年,影响任务的进行。船厂经过认真分析,大胆提出齿轮修正方案,经设计人员和工人师傅的共同努力,终于解决了齿轮箱的难题。经过几年的实际使用,证明齿轮箱情况良好。为了确保船舶的建造质量,除全部工序须经施工者自检外,还专门编制了验收的项目,仅船台安装到系泊试验阶段,船、机、电专检项目 800 多项,使用部门检验项目 358 项,航行试验项目全部须经专检和使用部门检查认可。为了保证船舶的焊接质量,不仅对焊工进行了专门考核,并以船用超声波探伤,拍了 7479 张片子,哪怕发现最小的缺陷,也进行消除,使全部符合技术要求。

紧急接任　两型合一

打捞船为适应洲际导弹和卫星试航要求，原计划建造远洋打捞救生船和调查船二型船。打捞船是一种工程作业船舶，用于打捞水下沉船、沉物及水面漂浮物的船舶。

打捞船按照应用场合不同分为内河打捞船和海洋打捞船。内河打捞船是一种小型打捞船，排水量一般为20～200吨，只配备吊杆、绞车及简易潜水设备，用于河流、湖泊沉船、沉物的打捞。海洋打捞船是一种大型打捞船，排水量几百吨，甚至在千吨以上，一般配备大型起吊设备，以及潜水、压缩空气、水下电焊、水下切割等设备。打捞船的特点：一是打捞船吃

远洋打捞救生船

力浅，定位准确。有尽量大的舷高，有较宽的甲板可以布置吊杆、绞车及大型起吊设备。二是航速高，耐波性良好，可以快速驶往打捞作业水域，尽快投入打捞作业。三是有足够的货舱容量，用来打捞装备，有的打捞船还要隐身，以及加锁定速度的装备及打捞改装设备。

海洋调查船是专门用来对海洋进行科学调查和考察活动的船只，其产生背景，地球表面的 3/7 是海洋，而海洋又是一个蓝色的宝库，它蕴藏着丰富的矿物资源和海洋生物资源。随着地球陆地的资源遭受人类掠夺性的开发，日益枯竭，于是就把眼光投向了海洋，开发海洋资源就成了现代科学技术的重要课题之一。要开发海洋资源，就先得进行海洋调查，了解海底地质构造、水文状况、气象条件及海水活动规律，还得弄清海洋生物特点以及水产、矿产资源的储藏量和分布情况。最早的海洋调查船是由一艘海洋船舶改制而成，如英国挑战者号是由军舰改装而成，曾于 1872 年 12 月 7 日到 1876 年 5 月 26 日进行世界上第一次环球海洋考察。后来，出现了专门建造的海洋调查船，船上装有专门的海洋调查、考察的仪器、设备。

同一般船只相比，海洋调查船的主要特点是：

（1）装备有执行考察任务所需的专用仪器装置、起吊设备、工作甲板、研究实验室和能满足全船人员长期工作和生活需要的设施，要有与任务相适应的续航力和自持能力。

（2）船体坚固，有良好的稳定性和抗浪性。较好的海洋调查船还尽量降低干舷缩小受风面积，增装有减摇板和减摇水舱。

（3）具有良好的操纵性能和稳定的慢速推进性能。海洋调查船经济航速一般为 12～15 节，但常需使用主机额定低速以下的慢速进行测量和拖网。大多采用可变螺距推进器或柴电机组（即用柴油机发电、电动机推进）解决慢速航行问题。为了提高操纵性能，大多在船首与船尾安装侧向推进器，或者安装"主动舵"，或者两者兼有。

（4）具有准确可靠的导航定位系统。现代海洋调查船多装有以卫星为中心，包括欧米伽、劳兰 A/C 和多普勒声呐在内的自合导航系统。该系统使用电子计算机控制，随时可以提供船位的经纬度，精确度一般在 ±0.1 海里，最佳可达 ±0.4 米。

（5）具有充足完备的供电能力。船上的电站要能满足工作、生活的电气化设备、精密仪器、计算机等所需要的电力和不同规格的稳压电源。仪器用电需与动力、生活用电分开，统一采取稳压措施。水声专业调查船尚需另设无干扰电源。

海洋调查船种类很多,划分种类的方法也有数种。海洋调查船按其调查任务可分为综合调查船、专业调查船和特种海洋调查船。

综合调查船仪器设备系统可同时观测和采集海洋水文、气象、物理、化学、生物和地质基本资料和样品,并进行数据整理分析、样品鉴定和初步综合研究。必须具有优良的稳定性、操纵性、续航能力、自持能力、防摇防震防噪声干扰以及供电、导航、低速等性能。

专业调查船船体较综合调查船小,任务单一。常见的有海洋水文调查船、海洋地质调查船、海洋气象调查船、海洋渔业调查船、海洋水声调查船、海洋气象调查船、海洋地球物理调查船、海洋渔业调查船和打捞救生船。

特种海洋调查船有:航天用远洋测量船,接受卫星或宇宙飞船等太空装置发来的信号,并可向太空装置发布指令等;极地考察船船体特别坚固,具破冰形式能力和防寒性能;深海钻探船。按照海洋调查的海域不同来分,海洋调查船可分为水面和水下两大类。水面海洋调查船又根据工作海域可分为沿海、近海、远洋3种,水下海洋调查船则是根据其下潜的深度又可划分为前海、中深海、深海和海底实验室4种。

按照船舶的尺度和排水量来分有大型、中型、小型3种型号。大型海洋调查船排水量从几千吨到几万吨不等,它用于远洋调查活动;中型海洋调查船排水量从一千吨到五六千吨,被用于较远海域调查活动;小型海洋调查船排水量从几十吨到几百吨,用于近海调查。一般来说,大、中型海洋调查船多半从事综合性海洋调查、考察;小型海洋调查船则担负地质、气象、水文、物理、化学、生物等专业调查、考察。

按照船舶的船型和船体结构来划分,海洋调查船又可分为单体式、双体式、半潜式3种。由于海洋调查船长年在海上活动,因此,他们构造坚固,并具有良好的操纵性,不仅在一般航速下操作灵活,就是在低速时也能操纵自如,以便能在各种速度下进行生物、物理、化学、地质等多学科海洋调查活动。

1973年11月,建造单位提议,因为时间紧,对于在同一时期、同一个厂里生产的调查船和打捞船两条万吨级的船舶,主机又相同,如果两船主尺度也相同,仅有上甲板以上可不同,这样两船只做一套放样的模板,可以节省大量的人工和材料,还可以大大缩短建造周期,降低成本。建议用调查船的主尺度和线型作为打捞救生船的总体方案。在保证执行使命任务的前提下，将二船合型设计建造。此建议得到上级批准，要求"三结合"设计组按合型要求重新进行方案设计，由于两船的设计者都希望对方向自己靠拢，因此，难以做出合型方案。

因两船均由七〇八所设计，为加强对解决合型问题的领导，确保按时完成"七一八"工程设计任务，领导决定将当时已经任"远望"号测量船总师的许学彦任命为所生产组副组长，专门主管二型船的设计，并负技术责任。将原来的调查船"三结合"设计组与打捞船"三结合"设计组正式合并为"七一八"工程辅船"三结合"设计组。

许学彦到两条辅助船设计组后，认真查阅两船已做好的图纸和资料并加以比较，发现两个船的排水量相差比较大，所以合起来有困难，并仔细向具体设计人员了解到各自计算燃油消耗量的方法，发现负责军品设计的，在计算好主机燃油量以外一般加10%的裕量；而搞民品设计的，在计算好主机耗油量以后，加的裕量是20%。同时，调查船有重力测量的项目，因不同的海域的海底重力加速度是不同的，需要船开到那地方去测量，原本二型船任务书中续航力都是相同的，这时调查船的续航力就大大超过18000海里，不符合任务书要求，因油耗比打捞船要大得多，因此，船的排水量亦比打捞船要大很多。

由于两个排水量不同，因此主尺度也就不同。找出原因后，许学彦将两船计算标准统一起来，采用统一的燃油耗油裕量计算方法，耗油裕量标准统一采取10%的裕量，对于调查船超出任务书的重力测量，因不在任务书内，故不予考虑，这样排水量不一致的问题解决了。另外再将机舱布置图作一些修改，将主要受力的横隔壁对齐，修改机舱设备布置，按统一要求做方案设计。最后按上甲板以下设计。在许学彦领导下，设计人员日夜奋战，终于在1974年10月完成技术设计，12月下厂进行施工设计。

为保证打捞数据舱等任务的完成，首次在两船上设直升机机库。直升机在船上起落与系留，都是以前没有碰到过的问题，许学彦带领设计人员到上海虹桥机场调查研究，并亲自试乘，使设计中碰到的问题得到解决。审图时许学彦发现制氢室在船的尾部，指出一旦氢气泄漏，遇火星会引起爆炸，危及全船航行。他建议将气球内气体由氢气改为充氦气，虽然价格贵了许多，但能保证船的安全。原设计航空煤油舱设在尾部，而船上的螺旋桨主机轴系、舵机等关键设备均设在尾部，若由于航煤可燃气体的积聚引起爆炸，则

1985年，远洋调查船荣获国家科技进步奖特等奖（右4许学彦）

影响到整条船不能动。许学彦在慎重考虑后，提出将航空煤油储藏舱改到船的前部，设置隔离舱。对于对电机则采用防爆电机、电器。

许学彦参加了远洋调查船和远洋打捞救生船合型和合型后的方案设计、技术设计、施工设计、建造和试航，直至1979年底交付部队使用。经试航，该船的各种性能都达到了战术技术任务书规定的设计指标。

1980年5月，我国向南太平洋发射远程运载火箭试验，两船都圆满完成了导弹飞行试验所赋予的任务。远洋调查船荣获1985年我国首届国家科学技术进步奖特等奖；打捞救生船荣获1985年我国首届国家科学技术进步奖一等奖。

远望苍穹　丈量海天

许学彦说,"远望"号船名的由来,本身就是一个寓意深远的典故。39年前,在人民大会堂,周恩来总理主持的中央专委会议上,研究该船的船名问题。在汇报中,大家请周总理给本船起个名字,周总理郑重地指出,中央有文件规定,不许用中央领导名字命名,也不要太空洞,什么东方红呀,不是到处都有吗!船名由领导小组研究决定,不能更多用政治口号。后来领导小组研究起名,一艘叫"北海"号,另一艘叫"东海"号。时隔不久,发现这两个名字在中国远洋公司从德国进口运输船中已被采用,并已在国际组织注册。于是接船部队提议用"太平洋"号和"大西洋"号,以表明中华民族建立强大海军的决心,同时也体现了要继承我们先人郑和航海家下西洋的伟大胸怀。还有人提议用毛主席的诗词中语句起名"五洋"号和"九天"号以表明中华民族可上九天揽月——测控导弹卫星、飞船,可下五洋捉鳖——跟踪海底潜艇发射潜地导弹。最后国防科委副主任聂力提出用毛主席手书的叶剑英元帅的诗词名字"远望"来定名。它表明要站得高、看得远。既要承前启后,又要高瞻远瞩,放眼未来。

"远望"号航天测量船1979年问世,至今已经历30多个春秋,从北纬35°至南纬30°,在太平洋、印度洋、大西洋上都有它的航迹,在热带风暴的洗礼和大风大浪考验下,均安全正常、圆满完成各种应用卫星的测控任务。接受过中共中央、国务院、中央军委的贺电,接受过元帅、将军们的海上检阅。在它的身上显示着神奇的功能——可上九天揽月,可下五洋捉鳖。"远望"1号和2号远望已经出航世界三大洋40多次,每艘船的航程约22万海里,海上逗留1980多天,为祖国建立了巨大功绩。"远望"1号和2号船1985年荣获国家科技进步特等奖。1989年,时任中央军委主席邓小平下令,

远望苍穹　67

给"远望"1号和2号船各记集体一等功。

1980年4月15日,中央专办批准远程运载火箭全程飞行试验,设计团队作为技术保障派员参加试验。这次试验,海上编队由18艘舰船组成,分别编制成航天测量船队和护航舰编队。测量船队由"远望"1号和2号、打捞救生舰1号、2号、救助拖船1号、2号、3号,向阳红5号、10号及"德士"号共10艘。另外还有4架"超黄蜂"直升机,主要担负着火箭再入段测量、落点测量、打捞数据舱、海上落点区的通信、气象保证等任务。

发射远程运载火箭进行如此大规模的海上试验,中国在历史上是第一次。直接参加这次试验的共有3万多人,其中在海上试验人员有5000多人,参试的科研单位有60多个。浩浩荡荡,规模宏大,气势磅礴,大振国威。1980年4月26日,在上海吴淞口码头礼堂隆重举行出航大会。王震副总理、耿飚秘书长和张爱萍主任代表党中央、国务院、中央军委为执行测量任务和护航的部队送行,对参试人员作了战前动员。次日上午,长江口区、吴淞口外锚地舰船挂满红旗,全体舰员和参试人员在甲板上排成一列长队,在阳光的照射下显得格外壮观。王震等在国防科委、海军、上海市领导陪同下,乘导弹驱逐舰急驶而来,检阅海上测量船队和护航舰队。受检阅舰队汽笛长鸣,受检将士群情鼎沸,汽笛声、口号声响彻黄浦江上空,我国广大指战员和知识分子肩负着党和人民的期望,告别了祖国,浩浩荡荡向浩瀚的南太平洋进发,整个编队于5月12日安全踏赴赤道,到达南太平洋试验海域。途中连续航行9000海里,广大指战员战风浪、耐高温、抗噪声,排除航途中发生的各种意外机械故障,安全抵达运载火箭降落的海域。5月18日零时,"远望"1号、"远望"2号与"向阳红"10号进入就位待命点。这天早晨,满天乌云,而且云层很低,试验海区天气不佳。全体参试人员心急如焚。然而北京时间5时,发射场已进入发射前的准备程序。"远望"1号、2号船进入临战、低速航行状态,落点区各艘舰船均处于漂泊待命状态,时至上午10时许,南太平洋落点海域天气突然明朗,阴云密布的天空瞬间变成仅飘浮着几片白云。大家都为南太平洋变幻莫测的气象捏了一把汗,可见我们的水文气象预报准确得惊人,气象条件满足了火箭试验的要求。参试人员各就各位,目不转睛地注视着各种仪表和电视屏幕,航海人员高度准确地把定航向,动力装置、电力及各种机器处所的站位上,全体参试人员处于战斗状态。

许学彦在"远望"号航天测量船上

当"远望"1号、"远望"2号船收到火箭在酒泉发射场起飞信号和火箭关机点的数据后，分别快速计算出在南太平洋的落点数据。不久，"远望"1、2号船就发现了目标，并取得了完整的外测和遥测珍贵的数据，通过船上的卫星传输系统及时向国内指挥中心传送了各种回令和火箭再入段的大量宝贵遥测数据。

北京时间10时33分数据舱溅水，打捞直升机从接近目标到潜水员打捞完毕，仅用了10余分钟。火箭弹头落水后约数分钟，航测直升机就发现了弹头的染色剂，两次飞越数据舱的上空，对染色剂进行了拍摄。其中"远望"1号船对航测直升机进行定位和引导。整个过程有序而神速，且如此精确、顺利和神奇，西方国家感到十分震惊和不解。

1980年6月2日，"远望"号航天测量船随海上试验编队徐徐驶抵上海吴淞口。3日，黄浦江的晨雾随着日出渐渐消失，碧波荡漾，红旗招展。海上编队舰船挂满彩旗，接受国防科委、海军、上海市领导的检阅。6月4日，国防科委、海军联合举行欢迎海上编队胜利归来大会，张爱萍主持会议，国防科委政委李耀文、海军副司令员梅嘉生、中共上海市书记陈国栋先后讲话，高度赞扬整个编队，高度赞扬参试人员圆满完成远程火箭的全程试验任务。

远望苍穹

"远望"号与世界同型船比较

"远望"1号和2号船同世界同型船的比较,许学彦说:"航天测量船,美国在1957年开始研制,苏联在1958年开始研制,而我国在1967年才开始研制。从数量上看,美国、苏联比我们多。美国共造过20多艘,现役10多艘,组成太平洋靶场舰队和大西洋靶场舰队。苏联造过20多艘,现役10多艘,组成'海参崴'科学试验船队。法国只有1艘。从仪器设备的完善程度和使命的性质、特点,大体上把1966年视为一条分界线,在这之前所建造的基本上是以单一任务为中心的被动式的遥测跟踪船,在这之后建造的多是综合体制的主动式雷达跟踪船。到目前为止,和我国"远望"号同量级的航天测量船,世界上也不过十几艘。美国、苏联早期建造的测量船多是旧船改装,这些船随着试验的武器型号的更新和测量设备的发展逐渐被淘汰。近期由于测量目标的远距离,卫星、飞船的广泛使用以及航天飞机的出现,新建造的测量船也越造越大,越来越先进。

美国为阿波罗计划早在1967年建造了2万吨级的"先锋"号和"红岩"号,1971年又造了"靶场哨兵"号。苏联在这方面投资很大,为执行"联盟"计划,1971年建造了2万吨级的"克雷洛夫"号,1971年12月又造了"加加林"号,可算是世界上最大的测量船。我国在短时间内,在那样特殊历史条件下,建造了2万吨级的综合式远洋测量船;在1979年,利用约1年时间对"远望"号船进行长达15000海里的各种考验,证明整个船的性能和质量是优越的。

航天测量船从无到有,在某些方面接近或达到国际同型船的水平,其主要技术性能和国内外同型船比较:

(1)船舶线型佳,阻力小,航速快。当航速同为16.5节时,"远望"号船每吨排水量所消耗的主机功率比美国同型船"先锋号"低15.56%；当船速同为17.5节时，"远望"号每吨排水量所消耗的主机功率比苏联同型船"克雷洛夫"号低3.2%。这种船在此之前世界上最快速度为17.5节（苏联），而我国为20节。

（2）船的摇摆度小。在波浪中船舶稳定，一般海况下摇摆角小于3°～4°。在波高3.75米、风速为13米/秒海况下，摇摆角小于5°，周期14秒，纵摇角小于3°。如果使用减摇鳍，可收到66%～70%减摇效果，这时摇摆角可再减少一半之多。而美国"水手"号船横摇角为10°，周期10秒，纵摇角5°，周期5秒。当然美国的电子设备适应船的摇摆能力强。

（3）该船的回转直径为3.9～4.1倍船长，而一般船为4～4.5倍船长，达到国内同型船先进水平。如果同时使用主动舵和船首转向装置，能以24°/分平均角速度原地回转。实船证明，风速12米/秒海况下，船在45分钟内，船方位可以稳定在±3°。使用这套设备，可在30分钟内紧急离开码头。一般船需使用拖轮顶推离靠码头需要2小时。本船可在六级海况的各种浪向下，航向精度为±1°，达到同型船先进水平。

（4）该船具有抗12级台风能力，达到世界标准。这方面"远望"号船与"向阳红"10号船及"J121"船的计算结果是一致的。"向阳红"10号船和"J121"船在南极航行中得到证实。"远望"号船多次出海航行，计算证明，本船的抗风能力为57～85米/秒，而台风最大风力为53米/秒，一般远洋船舶抗10级风（突风42米/秒）。美国"水手"号抗风能力为60～90米/秒。

（5）本船续航力大于18000海里，可达23000海里，绕地球航行一周可不停靠任何码头。续航力是指船舶装满燃油、淡水后，在航行中不补充油、水所能航行的里程。一般以主机发出常用功率计算。美国"水手"号船为20500海里，苏联"克雷洛夫"号船可达22500海里。

（6）为保证各测量设备具有稳定可靠的基础，船的结构除保证总强度外，要求刚度大，变形小，用料经济。"远望"号测量船的设计和制造实现了这一要求。苏联"加加林"号船体变形量为1/767倍船长，而我国"远望"号船为1/1460倍船长，变形量远比他们小。

在执行洲际导弹试验任务时，实船测量，当浪高2米时，180雷达和惯导之间最大变形量为2角分，而使用部队要求不大于3角分，满足使用部队要求。同时所使用的钢料也属正常范围内，从每吨空船排水量所消耗的钢料重量可知，"远望"号船为0.62吨，而一般大型货船为0.61~0.68吨，大型油轮为0.86~0.78吨，大型客船为0.45~0.65吨。

（7）"远望"号船采用了氢气球施放系统，这在国内首次试用，主要特点是安全。该船首次使用大型气化燃油炉灶，解决600多人用餐问题。

（8）"远望"号船的主机采用汽轮机组，噪音小，振动小，实测主机机座处振幅为0.05毫米，机舱噪声为90分贝，而主机集中控制室为72分贝，达到国际规范要求的标准（国际要求小于75分贝）。

由于船上采用气动单元组合仪表，自动调节系统，主机采用远距离操纵机构，使主机和锅炉均实现了集中控制。在主蒸汽管道的振动及应力问题上，采用了横向力矩和三座标力矩的稳定方法进行设计，提高了动力装置的可靠性。

（9）本船冷库为国内船上最大的冷库。食品库温度也采用自动控制和无异味措施，均收到良好效果，这在国内也是首次。为保证全船电子设备正常工作和各房间的空调，采用了温度自动调节装置。

由于舱室采取特殊的吸声材料和特种结构，舱室内噪音较小，一般小于60分贝占80%，60~65分贝占12%，大于65分贝仅占8%，是国内同型船噪音最小的。

（10）为解决电子设备之间相互干扰问题，在天线布置上采取主频段交叉，在舱室布置上按类组合，在电缆走向上，按频率分3类。增加电缆屏蔽编组套，规定了严格的施工工艺，安装了3种屏蔽门。使用七芯组装电缆方案，对舰船的电磁兼容性做了初步的探索，为各电子设备能正常工作打下了基础。

（11）船上绝大部分测量通信设备是我国自行研制的，有些是国内首创，它们的特点是：对导弹和低轨道的卫星均能实施跟踪测量；由于采取综合体制，每艘船都能单独执行任务；各设备均有较强的捕获跟踪能力而且各测量设备间均能互相引导；导航定位采用双机和多种手段进行校准，以提高惯导精度。船上技术水平国内领先，许多是国内首次研制。

经验体会

许学彦主持了远洋航天测量船的方案设计、技术设计和施工设计，并主持了二型辅船的合型方案设计及其后的技术设计、施工设计，以及施工建造联系、审核、审定主要图纸和文件等工作，解决了总布置船体刚性、变形小、定位及稳定性、降噪音、减振动和众多强弱电设备干扰的电磁兼容等难题。回顾这段工作，许学彦有以下一些经验体会。

一是把它列为国家重点工程予以安排，党中央、中央军委的直接领导列入专项工程，加强了工程研制的集中统一领导，顶住了"四人帮"的破坏，这是工程研制成功的前提和根本保障。

二是设备研究先行。对有较多新研制设备的船，总进度中要安排一段总体单位等待设备研究设计的时间。因为一般规律是，总体单位先行论证船型任务，提出所需新研制设备的技术任务书，交设备研究单位研究设计。这时，总体单位要等待一段时间，待设备设计单位反馈该设备性能与装船资料后，总体单位再继续进行设计。否则，齐头并进，如果设备研究单位反馈装船资料后又有大的修改，总体单位也必然要大返工。

三是制订计划要实事求是，充分估计到各系统的情况，宁可慢些也不要返工，要保证质量，这样在总进度上并不慢。"七一八"主船开始的计划，有些是主观主义的，提出一些不切实际的要求和口号，结果是欲速则不达，反而使工程进度慢了。

四是坚持"三结合"设计，军民互用，取长补短。"七一八"工程三型船的设计一举成功，实行"三结合"设计是一个重要因素。使用、设计、生产3个部门各有所长，亦各有所短，任何人也不可能是万能的，必定会有知识缺乏的一面。而"三结合"设计便提供了相互学习，取长补短，以保质保量完成设计任务的条件。当然，在"三结合"中，要以设计责任单位为主，还需有谦虚、谨慎、技术水平较高的带头人，才能确保"三结合"设计任务圆满完成。军用技术、民用技术可以相互应用。过去，军用船的苏联设计指导性资料可应用于民船设计中；现在民船规范要求对易燃燃料不能存放于双层底，要有水平隔离舱，通气管高于上层建筑等，要有全船防火区，该三型船的防火舱壁划分等安全措施也已应用于"七一八"三型船上，因此安全可靠。军船设计者学习民船设计知识，民船设计者亦学习军船设计知识，以提高设计水平，不要截然分隔，故步自封。

五是精神力量不可忽视。由于任务的重要，参加工作的设计人员都认识到自己受组织信托，肩负重任，有光荣感，不断受到激励，因而加强了自身的责任心，主动克服个人困难，不计待遇，加班加点，努力工作。这是一股不可忽视的十分重要的精神力量。在今后的工作中应与物质鼓励结合起来，若只讲金钱奖励而忽视精神鼓励是不行的。当然，只讲精神鼓励亦是空想，两者必须结合，不可偏废。

六是要有意识培养总体设计人员。总体设计人员如总设计师要处理各系统间的矛盾问题，要指挥由多种不同专业人员组成的庞大队伍"作战"，需要广博的学识，除其自身必须努力钻研外，领导要有意识地加以培养，给予创造条件。一个知识渊博的总设计师是难能可贵的，应注意在实践中培养，要创造机会多鼓励他们到使用与生产部门现场考察，甚至到国外考察，丰富感性知识，再将感性提高到理性，用理性指导科研设计，避免盲目性。

许学彦说"远望"航天测量船研究设计建造有许多经验值得总结，从专业技术上讲：

一是直升机装船在我国系首次，没经验，大量的航空煤油储存于船上，甚是危险。我们解决这个问题的主要经验是，加强通风以免油

中央电视台记者在"远望"号上采访许学彦（左）

气浓度增加；采取接地措施以防静电积聚；所有接触油气的电动机均采用防爆电机。

二是避免电磁干扰的经验是，在布置上将强弱电设备分开，发信与收信分区布置，强弱电电缆分开敷设，每隔10米接地，每个配电箱内都安装以同量值的防扰电容，弱电设备室又增设专用滤波器，各电子舱室安装屏蔽门窗。

三是处理船底大群开孔避免集中应力的经验是，主船底部有防摇鳍、海水门等连续的一大群开孔，经过光弹试验，解决了应力集中问题。其方法：①孔与孔之间距离大于孔径的1.5倍；②孔的连缘用厚板或复板加强，也能降低集中压力。

四是由于工厂要求施工时使人能进去，船体尾轴包套尺寸过大且短而粗，造成阻力增加，使辅船附体阻力竟高达35%以上，超过了一般船双桨带轴包套在20%左右的正常值。

五是主测量船是陆上测量基地的缩影。设计前，设计人员应去二十基地调研，但当时保密工作搞得十分神秘，不可能前去调研，因而对各专业系统了解不深，以致造成舱室布置和分配方面偏大偏小的现象。

六是三型船舱室照明均是按照《船舶设计实用手册》所列照度标准设计的，此标准系20世纪50年代水平，与国外相差太大，现今出口船照明也大大增加，三型船的照明在施工时都做了修改，因此,《船舶设计实用手册》已不适于现在要求，亟待修改。

从"远望"1号测量船设计成功到形成"远望"系列船队，反映了中国船舶事业的快速发展及其科研设计能力达到一个新的水平，也标志着中国船舶科研设计领先人物及科研队伍成长壮大的经历。这是一支经过锻炼考验的能战能胜的科研队伍。许学彦和广大科技人员在"远望"号及系列家族的设计工作和实践中，形成的"奋发图强、攻坚克难、自主创新、勇担重任"的"远望精神"是船舶科研中难得的一笔精神财富，它将永远镌刻在船舶科研设计事业的丰碑上，永远激励着广大科技人员和后来者不懈地为中国船舶事业奋斗前进！

5

老骥伏枥　志在赶超

- 为"海建"号献策
- 编辑《出口船设计参考资料》
- 组织参与学术交流
- 热心科普活动

1978年3月，全国科学大会在北京召开。在这次大会上，邓小平指出：科学技术是生产力；科技工作者是劳动者，是工人阶级的一部分。

邓小平的语言及其简要和通俗，使困扰着许学彦头脑中的疑惑终于有了答案。

许学彦，经历了20世纪50年代"反右"斗争的萧瑟秋天，经历了10年"文化大革命"的严冬，尽管"文化大革命"期间许学彦所在的六四工作组按上级指示不开展"四大"等政治运动，但知识分子是"臭老九"，依然给所有的知识分子带来了巨大的精神压力。全国科学大会像春天清新的气息，使知识分子从捆绑多年的精神枷锁中真正解脱出来，许学彦科学生命的春天也真正到来了。这时他已接近60岁，但依然焕发着青春的活力和热情。他把全部精力投入到远望航天测量船的设计研究中，投入到钟爱的舰船科研事业中。许学彦常讲，造船是一个复杂的系统工程，不是一两个人能完成的事，它涉及各方面的科学技术，一个人的能力和技术是有限的，要靠众人的智慧和力量，只有通力合作，相互支持配合才能完成。50多年来许学彦在舰船研究设计中善于采纳众人所长，发挥每个科技人员的技术优势和设计团队的集体力量，注意总结，不断提高船舶科研设计水平和攻克技术难题的能力。

1981年许学彦被提升为七〇八研究所副所长兼副总工程师。这一时期，许学彦在协助所长抓好科技管理、重点产品技术把关和协调等工作外，主要负责解决了17500吨多用途货船"海建"号顺利交船，主持《出口船设计参考资料》编委会等工作。

为"海建"号献策

1978年,香港某公司向第六机械工业部订购17500载重吨多用途货轮一艘。多用途货船,其功能适用于载运多种不同类型的货物,如杂货、大型设备、钢材、散货谷物、矿砂、煤炭、集装箱、机车车辆等,功能多,适用性强,营运率高。现代多用途货船主要有3类:以载运集装箱为主、以载运散货为主及以载运杂货为主。通常是根据航线情况,设计成以载运某一类货物为主。该船是港方首次订购的多用途货船,总长164.3米,型宽22.86米,载重量17588吨,航速18

1980年,许学彦(右2)在中华厂沪南分厂"海建"号下水时留影

老骥伏枥 志在赶超

节。该船技术设计周期为4个月，建造周期为21个月零3周，其中船台周期为9个半月，1981年1月25日试航，2月20日交船，被命名为"SEA ARCHITECT（海建）"号。

中国船舶设计建造走向世界的道路是一条荆棘丛生、坎坷密布的艰辛之路。从不熟悉市场、不了解国际造船标准到按国际惯例接船、按国际规范造船交船，造船人付出了巨大努力。

"海建"号建造过程中，船东曾提出本船第一货舱中间甲板及第二、第三、第四货舱舱口端部中间甲板的厚度太小，据规范用板厚度应为9毫米，设计组根据强度理论进行计算，板的最大应力已稍微超过屈服限。根据这一情况，对中间甲板的上述区域进行了加强，但船东仍有意见，提出"退船"。

关键时刻上级决定由许学彦做技术抓总，要求他会同有关部门解决此问题，对客户提出的问题许学彦以严谨科学的态度，与科技人员逐一研究。对合理的，组织科技人员积极改进；对于超出合同范围的，则予以解释和婉拒。对船东提出上层建筑结构强度皱折变形问题，他以科学态度实事求是地进行分析并会同上海造船工业局召开了结构问题专题现场讨论会，邀请有关科研院所、建造单位的专家和技术人员、工人师傅参加，现场观察研究产生皱褶变形的原因，与会人员一致认为上层建筑的强度是够的，是没有问题的，引起局部变形的原因，是火工不善及节点不合理所引起。许学彦要求会后采取措施予以解决。对客户提出舱盖要在横倾5°状态下进行启闭试验，由于合同和相关规范均没有明确规定，许学彦经过反复分析，说明没有采纳的理由，船东对此表示理解。

这一期间，许学彦不顾脚病复发，深入实际了解设计建造情况，并和主办一起与中华厂、船检上办、中机上海分公司人员往返北京进行汇报，船东也往返于沪港进行协商。针对本船有关的结构强度问题，许学彦组织七〇八所结构专业人员对原来的结构设计进行了计算。建造厂也密切合作，使问题得到顺利解决。许学彦还要求驻厂工作组认真履行协议，在配合工厂施工同时，即着手进行完工图纸的绘制。由于该船比国内船舶设计建造项目多、图面质量要求高，且为中英文对照，因此承担该工作的有关技术人员总共完成了每套完工图纸227项，共计234份，1335张，合面积207.8m²，耗费25000工时，并于2月9日正式提交给工厂，工厂于2月13日转交船东4套，实现了交船前提供完工文件的计划。

试航交船后，各项指标都达到了设计要求，客户说这船的舱室装潢很好，带有东方色彩和中国的特色，并对航速表示满意，还对本船的主办人伸出大拇指表示赞赏。船长林国杰说："这条船的振动情况比日本同类型的船好得多，雷达也非常好"。劳氏船级社的汤姆逊认为：船很好，试航是成功的。

17500吨多用途货轮为适于装运集装箱、杂货和散装货的多用途货轮，是我国第一艘为港商设计建造的万吨级多用途货轮，许学彦说："该船设计中采用了一些先进技术，如结构设计中采用了无支柱的双列型大仓口货舱，便于装卸集装箱、大将货物等。除主机等少数设备外，其余材料设备均为国产。"

该船设计组荣获上海市1981年度模范集体的光荣称号。

该船的设计达到当时国际先进水平，为我国船舶打入国际市场积累了经验，锻炼了队伍，对国民经济建设和推动船舶出口具有重要意义。

编辑《出口船设计参考资料》

总结17500载重吨多用途货轮设计和建造，许学彦说："中国船舶要进入国际市场和走向世界，必须熟悉国际通用的船舶规范，必须为出口船舶搜集通用的标准规范。"1979年七〇八所承担了我国第一批完全按英国劳氏船级社LR规范设计，并完成了满足18种国际常见的规则、公约、条令等要求的27000吨散货轮设计任务。这是我国首次应用国外的规范、公约与有关规则等要求设计出口船舶。为按国际规范完成研究设计任务，许学彦协助研究室组织力量收集和翻译部分规范、规则、公约，应对设计、生产之急需。1980年11月24—30日，六机部在上海衡山饭店召开17500吨与27000吨二型出口船的经验交流会，会上各工厂与会代表提出了规范、规则资料收集困难的问题，建议有关部门经常收集、翻译、出版，提供给各工厂、设计单位与其他有关部门，六机部领导当场征求谁愿承担此任务。

许学彦参加了这次会议，他深知中国船舶要出口就必须熟悉国际标准，不仅研究所需要熟悉国际标准，造船厂、船用材料及设备制造厂、用船单位、检验部门、管理机关等相关部门都需要熟悉国际标准。这是一项技术基础工作，七〇八所有各类专业人才，又有情报部门，完全有能力承担这项任务，而且以前也开展了一些工作。许学彦当场表态七〇八所愿承担这项任务，六机部领导听了很高兴。会上决定："规范、规则、公约等资料收集、翻译、出版工作由七〇八所归口，其他单位已译好的材料于12月10日前寄给八所总工程师室，今后各厂在与外商谈判或出国考察时收集到的资料全部集中七〇八所，由他们安排翻译出版或外协。七〇八所要成为设计中心、情报中心、研究发展中心和服务中心。"

回所后，许学彦与有关室、处进行了研究，经他策划，1981年上半年正式向上级提出了关于翻译编辑出口船设计资料的请示报告并很快得到了批复，在批文中明确："为解决出口船舶设计、建造、入级检验及设备、材料认可检验等工作的急需，部批准七〇八所陆续翻译、出版国际海事规则、规定、公约及有关国家的特殊海事规定、规则。资料汇编暂定名为《出口船设计参考资料》，每1～2季度出版一辑，系内部技术资料。"

第一届《出口船设计参考资料》编委会由许学彦任主任委员。为了搞好这项工作，许学彦作了周密细致的筹划。根据许学彦的建议，李嗣尧、练淦任副主任委员，所副总工程师彭惠平、蔡颐、王淮、裘纯坚、郭可评、金平仲、恽良、金柱青、严简休等一大批技术领导担任委员。为了有计划地开展工作，许学彦还主持制定了有关部门的分工，《出口船设计参考资料》第一辑于1981年9月问世。至1991年，《出口船设计参考资料》共翻译出版11辑，约205万字。

为了总结工作，1991年9月13日，在中国船舶工业总公司科教部主持下，在上海召开了《出口船设计参考资料》系列成果专家评审会。12个单位的23名代表参加了评审会，上海交通大学林杰人教授任专家评审委员会主任委员。与会代表经过评议，认为：

本系列资料及时瞄准国际市场，紧密结合27000吨散货船等出口船和远洋船的设计与建造的实际需要开展工作，具有较好的适用性和较强的针对性。本资料根据规则、公约等处于不断更新的特点，注意迅速确定选题，尽快完成译、校、审、编辑、出版，跟踪了规则的更新、修正，具有及时性。为我国出口船和远洋船的设计、建造，以及船舶工业从国内市场转向国内、国外两个市场做出了重要贡献。该资料在完整性、系统性等方面填补了国内空白。在选题内容上兼顾到船舶总体、结构、舾装、主辅机、电气、导航各专业，越来越受到从事海洋船的设计、建造、航运、船检、教学、海事、管理等部门的重视，具有重要的使用价值。

至2003年9月编委会宣告解散前，许学彦仍为副主任委员之一，继续关心和支持出口船设计参考资料的翻译出版工作。《出口船设计参考资料》共翻译出版26辑，约510万字。此外，1992年10月—2003年10月，11年间举办了国际规则及不同类型船舶设计技术宣讲会14次，取得了良好的社会效益。

老骥伏枥　志在赶超

组织参与学术交流

20世纪80年代,国家以经济建设为中心,大力推进改革开放,各行各业生机盎然,造船工业以打入国际市场为契机,逐步进入了快速发展的轨道。从这时起,具有丰富设计经验的船舶设计专家许学彦因年事已高,逐渐从科技管理工作岗位上退下来,满腔热情地投入到所外的科技活动之中,主要是造船学会的学术交流以及其他科技咨询工作。

1980年,许学彦担任中国造船工程学会船舶设计专业委员会主任委员以及上海造船工程学会学术工作委员会船舶设计专业组长。1984—1988年,担任中国造船工程学会第三、第四届理事会理事、船舶设计学术委员会主任委员。现在他仍是中国造船工程学会和上海市造船工程学会的荣誉理事(终身)。

在造船学会学术工作岗位上,许学彦密切关注我国船舶设计技术的发展,积极组织、支持船舶科技学术交流活动。造船学会船舶设计学术委员会成员来自四面八方,召开一次会议很不容易。为使参加会议的人员有所收获,每次他都认真组织,特别是组织好学术报告会和相关学科发展情况的介绍,由于他的组织和带头,不但活跃了船舶设计委员会的学术气氛,而且促进了船舶设计专业的技术交流活动的开展。

1984年3月,中国造船工程学会船舶设计学术委员会召开年会,许学彦执笔,代表船舶设计学术委员会发表了一篇关于《国内外船舶设计的现状与发展动向》的文章。文中综述了国外船舶设计领域技术发展概况,包括船舶节能措施、新能源及船舶性能研究等新技术的发展、新船型的发展、船舶设计方法和手段的改进等。

在文中,他根据我国当时船舶设计方面的差距和生产需要,对今后工作提出了五点建议：①提高已设计过的船舶的水平，重视标准船型设计，以利批量生产，适当降低航速，提高经济效益。②开发新船型。除开发常规船型外，还应着手开发填补我国造船设计中的空白船型。新船型的开发有一个研究、设计、试制、试验、总结——再研究、设计、试制、试验的过程，不是设计部门能单独解决的。国家要按轻重缓急投资试制，才能逐步有新的高水平船型出现。③开发集成化的计算机设计程序，制订各型船舶设计标准，使设计周期大大缩短。④有计划地培养干部，进行国内外学术技术交流，以提高技术水平。⑤各单位间应大力协同，促进技术进步，逐步缩小我国与国外先进造船国家间之差距，到20世纪末为我国船舶设计接近先进造船国家的水平而努力！这些建议至今仍具有现实意义。

1988年6月，中国造船工程学会召开第四次会员代表大会。时年64岁的许学彦为了促进我国船舶设计技术早日达到国际先进水平，代表船舶设计学术委员会撰写了《国内外船舶设计技术的若干动态》一文。从以下6个方面介绍了国内外船舶技术的发展动向：①节能，开发新燃料，以节省营运费用。②机械化，自动化以减少船员，同时可减少开支。③开发新船型，采用新技术，以期更好地满足船东要求。④大型化和专用化，以降低运输成本。⑤设计用计算机优化，以加快速度，提高效率。⑥改善船员生活设施，增加舒适性，以吸引船员安心上船工作。

此后，许学彦又写了许多文章，如《迎接新技术革命，提高研究设计水平，开发新船型的对策》，发表在《造船学会》期刊上。该文针对80年代世界新技术革命的第三次浪潮，分析了新技术革命对船舶工业将产生巨大的影响，以及新技术、新船型的情况，提出了应对第三次新技术浪潮的对策。从更新船舶设计手段，采用新技术设计经济性能好的节能船型，自动化和超自动化船的研究，发展利用自然能的船舶，改革提高装卸设备，改善提高船员的适应能力与活力，加强新船型的研究，改革体制进一步发挥知识分子作用，关于制定发展船舶工业的政策问题，加强调研沟通市场信息，教育与人才培养等11个方面阐述了我国提高研究设计水平及开发新船型的对策。

在《近年来船舶设计的进展》一文中，许学彦阐述了新中国成立后我国造船工业的发展情况，并着重从设计改革、新船型开发、节能新技术、计算机辅助设计4个方面介绍了党的十一届三中全会后10余年的飞速发展，以及这期间所设计和建造的有代表性的新船型。

1991年许学彦在《船舶工程》上发表《民船的研究设计概述》一文，按3个阶段——初创阶段、曲折艰苦阶段、大踏步跨入世界市场阶段，回顾总结了数百种民用船舶的发展过程，最后展望了世界造船工业的趋势。文中指出：今后如何开发高技术、高附加值的船舶，如何提高研究、设计、生产的效率，缩短研制周期，赶上世界先进国家水平，将是每个造船工作者所必须考虑的迫切问题。

为了推动船舶工业各部门包括船舶总体设计院所和造船厂做好船型开发工作，增加船型储备，提升我国在国际船舶市场上的竞争能力，促进船舶工业自身的发展，1983年，中国船舶工业总公司设立民船船型开发指导组（简称民船指导组），组长为许学彦。民船指导组的职能是在船舶工业总公司科技局领导下，作为船舶工业总公司在民船船型开发工作方面的技术参谋，及时提供船型开发咨询意见，对各有关单位和船型开发工作进行调查、指导和协调。其主要任务是：对民船船型开发的技术政策进行咨询和提出建议；协助总公司制定近期、中期和长期船型开发计划和规划；对总公司下达或指导组共同商定的船型开发专题进行论证和研究；协助组织有关单位在船型开发和船型引进方面进行技术交流；出版《民船船型开发通讯》（后改名为《民船船型开发》）和科技交流文集。

民船船型开发组在总公司科技局和许学彦领导下，预测有市场需求的新船型进行开发论证和基本设计；对有发展可能的新颖船型进行开发性研究工作；对已有船型进行优选和改进设计，推行"标准经济船型"。民船指导组围绕船型开发工作的内涵出版《民船船型开发通讯》（第41期开始更名为《民船船型开发》）。

许学彦还协助组织召开了两次全国性民用船型开发交流会。第一次，1985年3月在上海召开，会议发布了80余型新开发船型；第二次，1987年5月在广州召开，发布了197型新开发船型和20多项节能技术。出版了《民用开发船型选集》，供造船、航运等有关方面参考，以便在更广泛的范围内推荐、促进我国的船型开发。

民船指导组还主编了《民用开发船型汇编（1985）》《船舶科技开发项目选集（1985～1987）》以及《十年民用开发船型选集（1982～1991）》。

编写的《十年民用开发船型选集（1982～1991）》共包括511型船，分

9大类：液货船、散货船、干货船、客船、科学调查和执法船、渔船、工程船、高性能船和海洋平台。其中70%以上已建造，不少获得国家科技进步奖。其中收集七〇八所的船型189项，占总项的37%。

协助中国船舶工业总公司编制发展规划文集。

正式出版《中国船舶工业总公司2000年科技、经济和社会发展规划文集》，文集分两大部分。第一部分发展战略研究，分成船舶工业发展战略综合研究、船舶出口战略研究、2000年水运装备技术政策（船舶部分）、2000年水运装备发展规划（船舶部分）、发展水运的若干问题及建议。第二部分专题研究，分成沿海、内河能源运输装备研究，重载车辆海湾轮渡方案研究等18个专题研究。在许学彦指导下，七〇八所组织编写并出版了《液化气体船文集》。

20世纪80年代，我国的船型开发还缺乏竞争力，一批现有船型需要更新换代，船舶类型、品种不齐全，不少新船型亟待开发。因此船型开发任务相当繁重。民船开发指导组出版了《民船船型开发通讯》等刊物或文集，举办了全国性民用船型开发交流会等活动，发挥了民船船型开发方面的指导作用，促进了船型开发工作，对船舶工业的发展做出了贡献。在我国船舶工业的发展中，船型开发工作起了重要作用。民船开发指导组经过调查研究，先后制定了几十种民用船舶标准船型并编辑出版，深受各方面欢迎。在20世纪80年代初期，通过改进设计及预研开发的一批新船型，提高了技术经济性能指标，使我国部分船型的科研设计水平迅速跟上了当时世界水平，获得了用户好评。

民船指导组共经历四届。许学彦于1983—1987年担任民船指导组首届组长。1999年国务院决定将船舶工业总公司分为两大集团公司，在两大集团公司即将成立之前，民船指导组召开了一次总结会议，同时宣布解散。

改革开放后，许学彦还兼任了其他科技咨询性质的工作。主要有：1978年，许学彦兼任部级科学技术咨询委员会委员。1981—1988年，许学彦担任全国船舶标准化技术委员会军辅船分委会主任委员，积极筹划和组织制订了军辅船技术标准，为我国军用船舶标准的建设做出了贡献。1985—1986年期，许学彦受中国船舶工业总公司委托，主持了国家经委重大攻关项目之一的"远洋船和出口船设备国产化咨询论证工作"。1986年,许学彦担任中国船舶总公司组织的《2000年科技经济和社会发展规划选题的可行性论证报告》编制的顾问工作。期间,许学彦积极主动、毫无保留地指导七〇八所科技人员,使七〇八所主编的"船舶工业战略方针"等九个子项目的报告都获得上级的肯定和好评。

热心科普活动

许学彦作为中共上海市代表大会代表和上海市第七届、第八届人大代表，积极参政议政，为上海造船工业的发展提出建议，还联合其他代表，提出了迅速解决技术骨干夫妻分居两地问题的提案，使得部分科技骨干的夫妻分居两地问题得到解决。

许学彦倾心于船舶事业的发展，除了在技术领域认真钻研努力攀登外，重视对下一代的培养和引领。积极参加社区教育活动，到学校介绍我国船舶工业的发展，接待来访的大、中、小学生，也经常应邀为中小学生讲授船舶知识。他用深厚丰富的科学知识为同学们深入浅出地讲解，赢得同学们的赞誉和欢喜，纷纷围在许院士身边问这问那，而每当此时，许院士总会和蔼地为同学们讲解，并不时勉励大家一定要努力学习，长大后通过自己的聪明才智为祖国设计建造更多更新颖的船舶，使前来参观的中、小学生受到一次生动的爱国主义教育。

2009年8月12日上午，一支由上海交通大学机动学院和船建学院的同学组成的社会实践团来到中国船舶工业集团公司第七〇八研究所，采访了上海交通大学1948届校友许学彦。在两个半小时的采访中，85岁高龄的许院士以平和的语气，讲述了他不平凡的船舶设计生涯，提出了发展我国船舶工业的建议。

许院士说，船舶设计制造是一个复杂的系统工程，船舶工业水平的高低是一个国家工业整体水平的综合体现。近年来，我国造船业发展迅速，年造船完工量名列世界第三，仅次于日本和韩国。那么我国船舶工业与世界造船强国之间还存在着哪些差距呢？许院士认为，首先是我国船舶设计建造周期相对较长，管理水平较差，劳动生产率较低；其次是船舶配套设备发展跟不

极目远眺浪推沙
——船舶设计专家许学彦的故事

上；第三是高附加值船舶（如液化气船、豪华游轮等）设计建造尚有困难，部分核心技术尚未掌握。目前我国船舶出口主要是靠廉价劳动力取得竞争力的。许院士说，现在全球出现金融危机，我国船舶的订单明显减少了，产能过剩情况较严重。许院士觉得这正是提高自己技术水平的良机，因为这期间生产压力减少了，给科研留出了充裕的时间，趁此机会可以研究设计一些我国以前没有造过的船。

许学彦在七〇八所院士办公室（2006年，赵吉庆摄）

作为中国船舶领域的先行者、交大船院创始人辛一心先生的弟子，许院士对于船舶专业人才的培养有着自己独到的见解。许院士觉得现在高校船舶方面专业化分得太细，不适合培养熟悉船舶制造各方面的综合型人才，因此现在非常缺乏可以担当总设计师的通才。专业化分得太细也不利于毕业生的就业，因为毕业生很难找到专业非常对口的工作。过去我们与国外的同行进行商务谈判时，我们要派出五六个不同专业的人来谈判，而对方只要一两个人就解决了。

最后，许院士为交通大学学子题词"前程万里"，并与大学生们合影留念。

许学彦船舶理论基础扎实，知识面广，设计、实践经验丰富，善于理论与实际相结合解决科研设计中的疑难问题，是我国船舶设计专家。他主持设计的船舶大多是有较大难

许学彦（中）与上海交通大学学生合影

度的我国首创船舶。在研究设计中，他敢于创新，独辟蹊径，突破常规，如今他仍孜孜不倦地奋斗在自己的岗位上，献身于他青年时代立下的科教兴国的宏伟志向，为推进中国船舶科研事业的发展和加速培养新一代的船舶科技人才的成长，奉献自己的才智和心血，发挥着一个知名老专家的光和热。

在当今世界船舶工业高速发展的情况下，谁能主宰沉浮，立于世界造船发展的前沿，就要看谁拥有高精尖的先进科学技术运用于船舶设计上，看谁拥有自主创新先进技术水平，谁的先进技术含金量高，拿出顶级产品，这就要"科技兴船"，"科技兴船"也是船舶事业能否高速发展的关键。

许学彦院士2005年在与《中国船舶报》记者谈话时，提出了要"科技兴船"，要研究设计高性能、高附加值的船舶，他的想法为船舶事业的高速发展提出了新的设计理念。下面是他与记者的谈话内容。

问：为什么要高举科技兴船旗帜？科技兴船的主要标志是什么？请列举几个中国造船工程学会成立60年来为科技兴船所做出的贡献。

答：科技是时代发展的标志，所有的发展都需要科技。显然，要把船舶工业搞上去，必须高举科技兴船的旗帜。

科技兴船的主要标志为3个方面：一是设计出具有世界一流水平的各种类型的船舶；二是又快又好又经济地建造世界一流水平的船舶；三是有一批具有世界一流水平的人才。

中国船舶工程学会成立60年来为科技兴船做出了很大的努力和贡献，现列举两条：

其一，中国造船工程学会组织国内外造船人才，举办了大量的各种类型的国内或国际性的造船学术研讨会、造船技术交流会，不断地促进了我国和世界造船科研、造船技术的进步和发展，有力地推动了船舶科技创新。

其二，中国造船工程学会出版《中国造船》《船舶工程》等学会刊物，全国各地造船工程学会也出版了不少学术技术刊物，为科技兴船发挥了很重要的作用。

问：与国外先进水平相比，您认为我国船舶科技存在的主要差距是什么？

答：我国船舶工业在近20多年来发展很快，这与船舶科技的迅速发展有着直接的因果关系。当我国船舶工业向更高目标前进的时候，船舶科技当然必须居于领先的地位。与世界上先进的造船国家相比，我国船舶科技还存在着不少差距，我个人认为主要是两条：

第一，船舶科研设施、科研条件还赶不上先进的发达国家。我国船舶科研的不少试（实）验仪器、测试仪器等设备靠进口，说明人家早就有这样的设施了，就是说人家确实是跑在我们的前面。

船舶科研条件比较差，主要是资金投入不足。船舶理论研究不能强求"立竿见影"的经济效果。有的人搞了一辈子的基础性研究，可能在他的一辈子中见不到经济效益，但他的研究成果，对造船科技水平的发展至关重要。

第二，新船型的设计、建造，以及国产船舶配套设备装船率远不如先进的发达国家。

新船型——比如豪华邮轮目前国内尚缺乏研究，也缺乏对豪华邮轮的亲身体验。什么叫"豪华邮轮"？对它的认识和对它的技术储备差距是很大的。

目前，国产船舶配套设备装船率仅为40%左右，大量的靠进口，这是我国科技兴船战略面临的一个重大课题，为提高国产船舶配套设备装船率，应该抓紧研究制订一个时间表。

问：您认为我国科技兴船的优势和所面临主要挑战是什么？

答：我国科技兴船的优势和所面临的主要挑战，可以归结为两个字，就是"人才"。

我国科技兴船的优势是人才多，技术力量强。近几年来我国船舶科技水准提高得很快，年轻人和青年学生上进心很强，大家都希望船舶科技有新的飞跃。我们面临的主要挑战，是人才竞争。我们要努力营造一个良好的船舶科研设计建造环境，让那些有志于祖国船舶事业的科技人才充分发挥他们的才智，全身心地投入他们所钟爱的事业，为实现我国成为世界造船强国的理想而奋斗。我个人认为，对人才要讲德才兼备，有志者为干一番事业，要有自我牺牲精神。许学彦院士这番话，反映了老一代科学家对船舶事业的情结和期待，希望青年一代勇攀高峰，为推动我国造船事业的发展做出贡献。

在当前激烈的市场经济竞争机制下，许学彦认为，作为研究设计部门要留出一部分力量，搞预先研究，搞开发新产品。要对市场作调查研究，制订开发的新产品项目。有了超前意识，才能不断提高技术水平。

作为研究设计人员，面对当代科学技术日新月异的发展形势，更应该注重更新知识，更新观念，适应新时代的需要。许学彦加强学习的方法有二：一是注意研究设计技术情报刊物上的新知识、新信息，消化吸收，结合实际工作，为我所用。例如，他在船厂设计"向阳红"10号和打捞救生船，原先推进器设计4个叶瓣，他从国外资料上看到，国际上现在流行5个叶瓣，尤其是功率大的高速船5叶瓣居多，其好处是减少振动，同时航速损失甚小。我们的这两个船型，功率较大，上面居住着很多人，又有很多精密仪器，振动问题十分重要。因此，他征求有关专业人员意见后，又征求了制造工艺人员的意见，最后做出决定，改为5个叶瓣。制造成功后，效果很好。这可能是我国造船历史上最早使用5叶瓣的推进器，现在5叶瓣推进器已在船舶制造中广泛使用了。

许学彦学习的另一方法是向群众请教，向他周围的工作人员请教。孔子说，三人行，必有我师。群众中蕴藏着巨大的知识力量和宝贵的工作经验，虚心向群众请教，可以学到许多书本上学不到的知识，尤其是那些怎样将科学思想与工作实际结合起来灵活应用的知识。

许学彦在舰船设计这个领域经历了半个多世纪的风风雨雨，见证了新中国造船工业、海军装备建设的发展过程，新中国船舶设计史上无数个第一，其中相当一部分都凝有他的心血。认识他的同事都感到他是一位平易近人的老科技工作者，在他所钟爱的船舶设计生涯中，他对同事间共同奋斗的友情、对船的挚爱始终贯穿在他的工作生活之中。从到船舶工业局参与"海济"号设计工作开始，那些为填补国家空白而与同事们一起钻研业务研究设计舰船的日日夜夜，那些为探讨某个技术问题认真钻研的场景，许学彦都记忆犹新，历历在目。

许学彦在大学时，曾听过知名教授辛一心先生授课，进入船舶局工作时，辛一心是他的直接领导和导师。对于刚进入船舶设计领域的年轻学子来说，能得到辛一心的直接指点是十分幸运的。辛一心对他的关心、教导和帮助使他受益匪浅。许学彦说，以后的工作思路，研究作风，很大程度上受到他的影响。许学彦在长期的工作中对于自己的专业知识从不保守，在研究设计中，他总是坦陈自己的观点看法，虚心听取不同意见，阐述观点让大家评论，将自己长期积累的专业知识和实践经验毫不保留地传授给青年科技工作者。

几十年来，只要工作需要，不分任务的轻重缓急，许学彦都会倾力去做好。20世纪80年代前船舶设计绘图均为手工操作，图纸需经描图员描绘后再晒图，而描图员对船舶知识了解的深度、对设计要求理解的多少是很重要的，一个好的描图员是各个专业科室争夺的宝贝，描图质量好坏可以影响设计的质量，为提高描图员专业知识，需要对他们进行专业培训。50年代，许学彦在设计工作之余当了5年的船舶局描训班老师，培养了不少优秀的描图员。

许学彦说，他在设计船舶伊始，就常下厂施工联系，对船厂工人师傅的感情也是十分深厚，他在《我与江南船厂的情谊》一文中写道：大跃进时的"东风"号建造，施工设计就在江南厂船台边一座简陋的小屋里，夏季的上海闷热难挡，简陋的房屋隔热极差，更像蒸笼一般，闷热而又不透风，在里面的人都是一大把汗一大把汗地往下淌，工人、干部、设计人员都挤在里面共同攻关。许学彦对那时那种苦干实干、互帮互助的精神十分感念。"待总装完成，每日清晨，晨曦微露，薄雾轻绕，浦江流动的微波如温柔的幕布，衬托着大地，站在船台边上，看着从自己手中孕育出的中国第一艘万吨级远洋轮的迷人雄姿，若隐若现、美丽大方，此时犹如身处如诗如画的意境之中，令人陶醉……"这样感人肺腑的描述足以体现那一代创业人的胸襟情操。

许学彦极其热爱舰船设计研究事业，他将船舶比喻成他最亲爱的孩子，近年来，由于他年事已高，单位让他多在家休息，天气不好就不用来单位了。他即便不去单位，每天仍站在位于七〇八所家属区住层的窗口看着职工上班，眼望着单位许久许久。许夫人说他是个"工作狂"，只有在办公室，他才感到心情平静。

许学彦喜欢书到了痴迷的地步，一有空暇时间，他便会去图书馆或书店，有时夫人陪他一起去书城，他看到一本好书便不舍得放手，能站着看大半天，许夫人说陪他逛书城是一件苦差事。许学彦夫妇结婚后住在番禺路老式房屋时，楼上房间内有一小间，满满地堆放着许学彦的书籍，许夫人说他不喜烟酒，买书是他的唯一嗜好，哪怕书中只有一篇文章对他有用，他也一定要买回来。许学彦买书是为了学习，因为船舶制造涉及机械、航海、装饰等多项专业，所以痴迷造船的许学彦对什么都感兴趣，有时见到书中有好文章但又一时买不到，他就去借回来抄写，还动员夫人一起抄写，夫妇俩甚至连夜加班抄写，许夫人调侃说："我是他不付工资的秘书。"80岁时的老许又学会了电脑上网，他可以向小外孙讨教，也不用助手帮忙，现在他用手写板输入，经常上网浏览收集资料，并乐此不疲。

住在番禺路的邻居和里弄干部都知道，要知道许学彦是否在家，只要看他家的灯就行了，晚上11点灯还亮着，老许肯定在家。许学彦这个大忙人，不管在哪里都没有架子，说话总是轻轻地娓娓道来，规定的事从不打折扣。番禺路里弄改造要新装煤气，规定每家出一名男劳力去挖埋管道的坑，老许家都是女孩子，只有老许一个男性，老许就按时去里弄报到参加挖坑，里弄干部说他太忙就不要参加了，他说："既然有规定就不能破坏，何况我们家还是五好家庭。"他低调做人、谦虚为人、热爱事业、刻苦钻研技术的精神养成了他独特的人格魅力；而他深厚的业务功底促使他敢于突破传统，向世界一流冲击；更由于他在新中国船舶设计建造这个大舞台上，将自己的梦想转化为更高更美的为祖国国防出力、为党的事业奉献的理想信念，才使他有所作为，成为一位船舶科研设计专家、中国科学院院士。

6

和谐美满的家庭

- 夫妻恩爱　邻里和谐
- 教子有方
- 品德纯真　为人谦和

极目远眺浪推沙
——船舶设计专家许学彦的故事

夫妻恩爱　邻里和谐

　　1952年，许学彦已到了谈婚论嫁的年龄，经他的堂嫂介绍，认识了复旦大学合作经济系的邵廷惠女士，二人可以说是一见钟情，情投意合。当时的许学彦家庭经济较拮据，加之他也不注重个人的穿着打扮，常穿着衣领已翻毛的旧衬衫，与邵廷惠约会也是吃碗菜汤面而已，但两人志趣相投，谈论着各自的工作，也憧憬着以后的生活，其后邵女士被分配至安徽芜湖当教员，二人两地鸿雁传书不断。邵廷惠聪颖、活跃、直爽、贤惠，许学彦稳重、真诚、质朴、内向，他们二人的性格虽说大相径庭，但邵廷惠为许学彦真诚可靠的人品所吸引，许学彦也为邵廷惠的勤勉善良之性情所打动。他们于1953年3月25日，在船舶局内花了20元钱，以糖果、茶水招待来宾，在亲朋好友同事们的频频祝福声中结为连理。许学彦与夫人各自事业有成，他们相敬如宾，共同孝敬长辈，他们的婚姻是互补型婚姻的典范。

　　和睦美满的家庭是组成和谐社会的细胞，而家庭对于其每个成员来讲都是温馨的港湾，夫妇间的相濡以沫，则是对方的有力支柱。邵廷惠是一位贤惠的妻子，她全

许学彦与夫人邵廷惠结婚照（1953年摄于上海）

2006年5月，女儿一家来沪探亲时合影

力撑起一个家，辅助丈夫，教育女儿，营造一个温馨的家庭，免除许学彦的后顾之忧，使许学彦能将全部精力扑在舰船科研设计上。

　　说起夫妻间的相处之道，许学彦写下22个字：尊重、关心爱护、彼此依靠、理解包容、真诚信任、尽责尽力。许学彦说，要做到这22个字不容易，现在社会上的小夫妻爱吵架，动不动就闹离婚。他说，吵架总会有的，不过，过去就过去了，争吵的时候要互相理解包容，你要理解，她和你吵，实质上还是为你好。俩人间的趣事也很多，邵廷惠回忆道："结婚初期洗衣服都是我搓洗，许学彦过净，大的衣服、被单等就二人各抓一头拧水，但当许学彦接手军品任务后，就开始很少管理家务了。"1958年许学彦的父母来沪居住，加上三个女儿的降生，家务就更繁忙了，婆婆是个通情达理的老人，也很会做思想工作，日常的生活中总免不了会"奏响锅碗瓢盆交响曲"，邵廷惠是个直性子，事儿一多也免不了唠叨，这时的老人会一起数落儿子的不足，但事后又会婉转地劝说媳妇要体谅儿子，小脚的老人也尽力帮助做家务。邵廷惠说："许学彦生活很简朴，很有耐心，我有时发脾气，他就拿张报纸遮住脸不吭声，他对我是很尊重的，举个例子：改革开放前的上海交通状况一直是很紧张的，每天上下班挤公交车是个很头疼的事，老许想买辆自

和谐美满的家庭　99

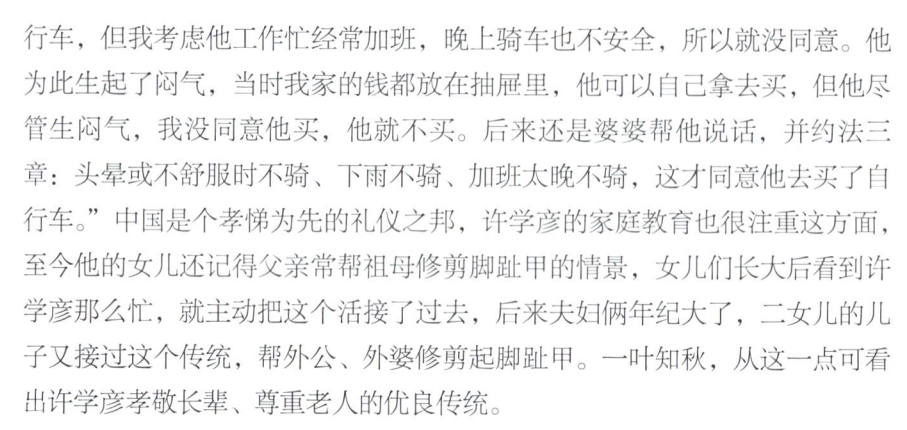

极目远眺浪推沙
——船舶设计专家许学彦的故事

行车,但我考虑他工作忙经常加班,晚上骑车也不安全,所以就没同意。他为此生起了闷气,当时我家的钱都放在抽屉里,他可以自己拿去买,但他尽管生闷气,我没同意他买,他就不买。后来还是婆婆帮他说话,并约法三章:头晕或不舒服时不骑、下雨不骑、加班太晚不骑,这才同意他去买了自行车。"中国是个孝悌为先的礼仪之邦,许学彦的家庭教育也很注重这方面,至今他的女儿还记得父亲常帮祖母修剪脚趾甲的情景,女儿们长大后看到许学彦那么忙,就主动把这个活接了过去,后来夫妇俩年纪大了,二女儿的儿子又接过这个传统,帮外公、外婆修剪起脚趾甲。一叶知秋,从这一点可看出许学彦孝敬长辈、尊重老人的优良传统。

唐朝李商隐有诗曰:"身无彩凤双飞翼,心有灵犀一点通。"用它来形容许学彦夫妇是再恰当不过了。无论是乐善好施、助人为乐,还是对子女教育的问题,以至在对待荣誉的问题上,夫妇二人都是宠辱不惊,他们的谈吐举止简直恍如一人。三年自然灾害时期是新中国历史上的困难时期,老百姓吃饭是个大问题,相对而言,许学彦家经济略为好些,二女儿有个同学因家中兄弟姊妹多而经常吃不饱,许学彦知道后,常让女儿拿些馒头、包子之类接济他,有时还让他带些回家给家人,每当学期开学之际,许学彦买学习用品都是双份,一份送给这个同学。在他家隔壁有一位孤寡老人,里弄干部为他装了个应急招呼铃,

许学彦在家里养花(2003年摄于上海)

2003 年许学彦夫妇在家中

但需要连接到能及时帮助老人的人家,许学彦夫妇主动将这事承担下来,老人只要有事一按铃,不管什么时候许学彦家里人都会马上过去帮助他。

在女儿们的心中:爸爸是个脾气好、为人忠厚老实、生活简朴、却很少有空闲的大忙人;妈妈才是风风火火、里里外外当家理财的一家之主。妈妈很辛苦,又要上班又要料理家庭,还要照顾爸爸和女儿们,为让孩子们健康成长,星期天要带她们去公园,生病了还要带她们去医院……而爸爸每天回家都很晚,女儿还记得小时候爸爸是骑一辆旧自行车上下班的,经常晚上要加班,总让家里很担心,有一次到晚上 10 点多还不回家,家里都急得不知该怎么办,还怕他骑车出什么问题,差点就要报警了。

1964 年许学彦接受"七一八"工程任务,为了保密,设计组搬到南翔一座普通的平房之中,条件十分艰苦。南翔离市区很远,交通很不方便,一星期才能回家一次,有时攻关之际连星期天也回不了家。许学彦对工作的投入是全身心的,常常忘了自己、忘了家人。他在年轻时患上了丹毒症,因逃难得不到良好的休息,留下左腿水肿的后遗症,劳累了就会复发,发作时经常是近 40℃ 的高烧不退,腿肿得不能行走,需要住院打点滴。五六十年代住院很困难,都是许夫人通过其姐姐帮忙,住进她所工作的黄浦区中心医院治疗,待高烧退后或一个疗程的点滴后便回家继续休养。由于许学彦的设计

和谐美满的家庭

任务很重，因而即便生病期间，来找他商量工作的同事仍为数不少，有时一谈就是大半天，可以说这时的许学彦虽然躺在病床上，但也只是将办公地点换了个地方。即便同事不来，他也不是看书就是计算，这时许夫人只是默默地照顾着他、支持着他。许学彦的丹毒是很严重的，劳累或感冒都能引起复发，有一年的连续发作使老许痛苦不堪，高烧又影响了设计工作，甚至想到以锯腿的方式来一次性解决。老许认为锯了腿他还能看书、还能计算、还能动脑动手，不会影响设计工作，此举一提出，家里人都反对，医生也是劝老许要慎重考虑，毕竟锯腿不是小事，要影响人的后半辈子，尽量要保住双腿，不要轻易冒险，此举这才作罢。对于抗战期间留下的这个后遗症，更使老许对侵略者恨之入骨，也源于此，他对加强海军力量、加强国防建设就更为执着。曾经有一次在发病高烧时，恰逢两天后是"七一八"工程协调会，妻子劝他等好一些再去，他总反复强调一句话："我是抓总的，不去怎么行？"妻子拗不过他，只得默默地帮他收拾行李，送他上了飞机，望着他那羸弱的身影渐渐远去，妻子眼泪忍不住扑簌地往下落。

教子有方

对于女儿们的教育，夫妇俩都是教育他们顾大局、识大体。"文化大革命"中大女儿初中毕业了，为响应号召去了江西农场，当时女儿未满16岁，又从未离开过家，一个人出去务农肯定十分艰苦，女儿有点害怕，许学彦鼓励她，青年人要有远大理想，出去后在各方面都能得到锻炼，要成为有用之才。每月许学彦都寄一包书报给她，督促她劳动之余不能忘了学习。女儿听从父母教导，两年后被推荐上了大学。二女儿按政策可以到工厂企业工作，这在当时是十分吃香的，当时读书无用论还是占有很大市场，但许学彦夫妇都认为多学点知识总归不会错的，因而劝女儿放弃了去工厂的机会，而去读了卫校，之后进医院当了一名医生。女儿们学习上碰到难题，老许总是耐心辅导，循循善诱，从不发火；女儿们谈恋爱，夫妇俩总是尊重孩子们的选择，许夫人说他们不干涉女儿们，只要对方人品好，有知识，有上进心就行。许夫人说他们家没有大起大落的事，生活是平淡的，全家彼此都为家人着想，真心待人，和谐相处。许学彦对自己的事业充满了肯定，但对家人和亲人却总有着一种挥之不去的情愫。"我人生中比较遗憾的事情，一是对自己的父母，我的母亲年纪大了住在我家，86岁时不小心跌了一跤，骨折了，由于年

许学彦与在美国读书的外孙视频聊天交流（2003年摄）

和谐美满的家庭

极目远眺浪推沙
——船舶设计专家许学彦的故事

许学彦全家福（2006年5月摄）

纪大了不好开刀，后来就这么去世了。我一直内疚为什么没有照顾好她，让她在家里跌倒。另外一个遗憾就是对自己的三个女儿。"

许学彦家的"三朵金花"如今两个在美国，一个在上海，都过着安宁的生活。小女儿的孩子，也就是许学彦的小外孙特别崇拜外公。那年从美国回来，看到外公虽然高龄却仍然坚持每天晚上看书，打心眼里佩服。两代人一起讨论高等数学，小外孙这才了解原来自己的外公当年读书的时候打下了坚实的基础。

说起外孙，许学彦总是显得很兴奋："他现在在哥伦比亚大学读工学院，大一。他一直很想读金融工程，但老师说，大家都很想读金融，只有1/100的录取机会，他因此很用功。"外孙是个兴趣广泛的年轻人，喜欢和别人比赛，国际象棋、网球、游泳、计算机样样精通，还在数学模型比赛上得过奖。"他说自己不是很聪明，看书要看六七遍才记得住，我觉得他可能谦虚了，不过用功的确很好。"

品德纯真　为人谦和

许学彦研究设计了许多船，有人称他为设计大师，但他却没有感到自己有什么了不起，他依旧那么平和、那么谦逊、那么安然。曾经有人问他："您在科学事业的发展中最宝贵的经验是什么？"老许认真考虑了一会说："我也没有什么经验，我这一辈子就是老老实实干工程，把工程做好了比什么都好。"

在荣誉面前，许学彦总是表现得很谦虚："这些都是党和人民给的。船舶

1994年12月，许学彦夫妇在美国女儿家里与美国友人合影

设计是一项集体的工程，不是我比别人聪明，我只是其中的一个代表。"而在许夫人眼里，许院士只是个"书呆子"，开朗的许夫人说老许不爱说话，在家都是自己主外，让他安心搞研究。尽管许学彦在我国造船史上参与创造了这么多个第一，但许夫人却说"他是个只知道1+1就是2的人。"许夫人说他从来不会讲"考虑考虑"之类的话："我劝他这么讲可以给人以安慰，他却说：答应不了的事就是不能答应，不能对人家含含糊糊的。"邵廷惠说，"我给你们讲个小笑话，有一次他们单位活动，发给每人一顶小帽子，要求一定要戴上。到了会场大家都没戴，我说你也摘了吧，可是他说规定戴就要戴，结果全场只有他还戴着帽子。"虽然嘴上絮叨许院士"认真得有点傻"，但许夫人很欣赏许院士的认真态度："他耐得住性子，每一件事情都认真做，而且特别细心，定得下心来做研究。"对于许学彦所获得的荣誉，他的夫人却是和老许如出一辙："老许是恰逢其时，机缘相投。"

1985年在北京开科技大会时，著名相声演员牛群为许学彦拍了一张照，照片中老许捧着奖杯，并放得很大，许夫人认为这张照把老许照得很好看，要挂起来，可他却把照片放在了床下，他认为这张照片有点太过张扬。看到他积劳成疾的身体，有人问他："你这么卖命，图个啥？"他说："这是我的工作，我得干好，别的啥也不图。"有了棘手的工作，领导布置下来，他从来未曾有过二话，再难的难题，他都想方设法去解决，在荣誉面前，他未曾争抢过。他设计的船早已名扬四海，而他的名字却鲜为人知，当有记者请他谈谈多年的科研设计成就时，他总是极其诚恳地说："造船和别的行业不一样，它涉及面太广，靠个人的智慧和能力是造不出船的，每条船都是集体智慧的结晶。我只是很幸运成为一个代表而已。"这正是许学彦的坦荡胸怀。

许学彦说，人能够活在世上，就应该给这个世界做点事情，如果你不仅不做贡献，还给社会和周围的人造成负担，这便是极不应该的。回顾自己的人生历程，许学彦用"快乐大于忧伤"来给人生定调。

这个为中国的船舶事业奉献了毕生精力的老人如同大海一般宽厚、深沉。"现在我写了个遗嘱给我的女儿，我跟我爱人也商量过，大家都同意了。主要内容是，身后不开追悼会、不开告别会、不开追思会、不买墓地、不立墓碑。生命本来就是静静地来，悄悄地去，国家的土地也很珍贵。还有就是骨灰撒大海，不要留这个东西，真要想给女儿留些什么纪念的，就留个相册吧。留下个墓地，或者留个骨灰盒子，有的家庭还设个灵堂，这些都是在给后代找麻烦。我说不要给他们找麻烦，人走了就走了，女儿也同意了，这样对她们也方便。现在清明扫墓到外地，又挤又劳民伤财，我觉得没意思。我对名利和生命看得也很淡，人活的时候好好工作，给社会做些贡献，死了就烟消云散。"

对于浩瀚的海洋来说，许学彦设计的船是渺小的；对于茫茫的宇宙来说，海洋又是渺小的。法国17世纪的大科学家帕斯卡说过这样富有哲理的话："通过空间，宇宙将我像一粒微尘那样攫住并吞没——而我则用思想把宇宙攫住。"许学彦正是用他的心血和智慧与同仁们研究设计出中国舰船史上的许多第一，他是一位胸怀大海，追星赶箭，把茫茫大海攫住的人！

极目远眺浪推沙
——船舶设计专家许学彦的故事

后 记

  中国科学院院士许学彦作为国内知名舰船设计研究专家，从事舰船设计60余年，主持参与设计舰船50余型，他同他的同仁们创造了许多中国舰船设计史上的第一，他为中国的舰船设计研究事业做出了重要贡献。

  每位科学家虽然其经历各不相同，但若探究其学术成长轨迹，人们便会发现他们之所以能成长、成才、成家，除了天赋之外，后天因素起着决定性作用，中国科学院院士许学彦的成功之路也是如此。

  不忘初心。许学彦年少时见家乡河道纵横交通十分不便，青年时知外国列强多次海上入侵，为改变水上交通，为保家卫国，当年他高中毕业报考大学被5所高校、5个专业同时录取时，他不忘初心立志造船，毅然选择了重庆交通大学造船系。

  当他走上工作岗位，知道共产党全心全意为人民服务的宗旨，看到身边的共产党员的所作所为，他又立下并实现了要做一个对国家有更多贡献的中国共产党党员的决心和愿望。正确的政治方向与明确的要造大船、造好船的理想，当外国人以鄙视的眼光对待中国要自力更生设计建造万吨级货轮时，他不信邪，硬是与同事们敢想敢干，攻克了重重技术难关，成功设计建造出了中国第一艘万吨级远洋货轮"东风"号，开创了我国自行设计建造万吨级货轮的先河。他在长达数十年的科研设计工作中，无论是在"风雨飘摇"的年代，还是科学的春天，始终不忘初心，胸中有志，努力拼搏，成果斐然。

  敬业执着。许学彦大学毕业，先是在英办峻浦局工作两年后转入中央第一机械工业管理局，他很快完成了由谋生到谋业的质的转变，以国家主人翁的态度认认真真地工作。他在设计"东风"轮时，反复计算全船重量、重心，对装船设备逐件称重，获得的第一手资料一直沿用了多年。平时不管项目大小，技术含量高低，从不马虎。他为了完成一项国家重要任务，身在本市却很少回家，以致回家时女儿把他当外人推出门外。他曾高烧近40℃却坚持出差。他担心丹毒症影响工作，萌生锯腿想法，后被家人劝阻作罢。有人问他："你这么卖命图个啥？他说，这是我的工作，我得干好，别的我啥也不图"。

一个人认真做好一件事并不难，像许学彦这样敬业执着，认认真真一辈子真是难能可贵。

真才实学。科学来不得半点虚假。技术问题归根结底还得靠具有真才实学的人来解决。许学彦深知学无止境的道理，他说"自己最大的爱好就是读书，不断学习新知识，做好技术储备，只有这样才能适应中国造船事业的发展"。他最爱逛书店，哪怕一本书里有一篇文章对他有用，他也要买回来。93岁还孜孜不倦地学电脑上网查资料，他利用一切时间抓紧"充电"，自学多国造船规范，在繁忙的工作中还到交通大学旁听结构力学课。他与设计者们成功地解决了首艘万吨货轮，线型优化减小阻力、机、桨、舵匹配、降低船体自重等难题。在为远程运载火箭发射试验舰船设计时，他凭着扎实的理论基础和丰富的实践经验提出二型合一，节约了巨额资金，争取了宝贵时间，并提出了科学、合理、可行的方案。由他担任总设计师的"远望"号远洋测量船获得国家科技进步特等奖。

大气谦和。舰船研究设计是个系统工程，一艘艘舰船的成功研制靠众多人的共同努力。个人的作用是重要的，但团队协作才能走向成功。大气谦和在一定程度上能决定一个科技工作者在科技征程中能走多远，取得何等成果。大气能容人聚力，谦能知己克己和能集思广益。

许学彦作为总设计师成功设计了许多船，人家称他为设计大师，但他自己觉得没什么了不起，依然淡定、谦虚、安然，他说：每艘船都是集体智慧的结晶，我只是幸运成为一个群体的代表而已"。他获得何梁何利基金奖时记者为他拍了一张照片，老伴觉得拍得好，想挂在自家的墙壁上，他忙说："挂它干什么，有什么好张扬的"，说着把照片放到了床底下。

有人问他："你在科学事业的发展中最宝贵的经验是什么？"许学彦回答说："我没什么经验，我这一辈子就是老老实实干工程，把工程做好比什么都好。"

本书作为一本科普读物，使读者能了解一些舰船知识，了解新中国成立以来部分有代表性的舰船研发设计过程,同时了解许学彦之所以能成为一名有重大贡献的舰船设计研究专家、一位中国科学院院士的渊源,从中得到有益的启迪。在此书编写过程中得到众多人的支持和帮助,在此表示感谢,由于水平有限,难免有不当之处,恳请读者批评指正!

编 者

2016 年 9 月

参考文献

[1] 辛亨复. 辛一心传［M］. 上海：上海交通大学出版社，2012.

[2] 张毅. 海上中国梦［M］. 上海：上海文艺出版社，2013.

[3] 叶宝园. 自强之路 从江南造船厂看中国造船业百年历程［M］. 北京：中央文献出版社，2008.

[4] 百度. 东风号. http://baike.baidu.com/view/1152455.htm［EB/OL］.

[5] 陈佑铭回忆海军718工程. 飞扬军事.［2012-07-15］. http://www.fyjs.cn/viewarticle.php?id=172219［EB/OL］.

[6] 许学彦. 民船的研究设计概述［J］. 船舶工程，1991，4(8).

[7] 张毅，杨德昌. 阳光征程［M］. 上海：上海文艺出版社，2011.

[8] 方正怡，方鸿辉. 院士怎样做人与做事［M］. 上海：上海教育出版社，2011.

[9] 上海市对外文化交流协会. 院士展望二十一世纪［M］. 上海：上海科学技术出版社，2000.

[10] 郑璇. 一切为了报效祖国——船舶设计专家许学彦 // 百名中国院士的青少年故事（下）. 辽宁：辽宁少年儿童出版社，1998.

[11] 程望. 当代中国的船舶工业［M］. 北京：当代中国出版社，1992.

[12] 杨继红，朱大南. 自行设计制造的第一艘万吨级货轮"东风"号［M］. 北京：中国大百科全书出版社，［出版时间不详］.